서양의 명장

차례
Contents

일러두기   · 이 책에 표기된 연도 중 기원전이 아닌 것은 편의상 '서기'를 생략했습니다.

정복왕 알렉산드로스

마케도니아(Macedonia) 왕국의 알렉산드로스 대왕(Alexandros the Great: 재위 기원전 336~기원전 323)은 재위 기간 13년 중 10년을 원정(遠征)으로 보낸 정복왕으로 그리스와 이집트, 페르시아, 인도 북서부를 아우르는 대제국을 건설했다. 그의 사후, 제국은 붕괴되었으나 그가 전파한 헬레니즘은 300여 년간 고대 사회에 영향을 미쳤다.

왕의 아들로 태어나다

알렉산드로스는 기원전 356년 필리포스 2세(Philippos II: 재위 기원전 359~기원전 336)와 올림피아스(Olympias)의 아들로 태어났다. 그는 어머니의 열정적이며 감정적인 성격 그리고 아버지의 이성적 성격과 용맹함을 동시에 이어받았다. 그는 페르시아 제국을 무너뜨리고 마케도니아 군사력을 인도까지 진출시켰다. 그리스와 오리엔트 지방을 이으며 헬레니즘 세계의 토대를 쌓았다.

알렉산드로스의 나이 13세에 당대의 대학자 아리스토텔레스는 그의 스승 자격으로 마케도니아 수도 펠라(Pella)의 궁정에 초빙되었다. 아리스토텔레스는 3년 동안 그에게 철학, 윤리학, 정치학, 문학, 자연과학, 의학 등을 가르쳤다. 아리스토텔레스의 영향으로 그는 철학과 의학, 과학적 탐구에 흥미를 갖는다.

그는 원정에 나설 때도 호메로스의 시집을 가지고 갈 만큼 좋아했으며, 원정에는 항상 대규모의 학자를 대동하여 각지의 탐험과 측량 등을 시켰다. 이런 일들은 모두 아리스토텔레스의 가르침에서 비롯된 것이었다. 하지만 알렉산드로스는 스승의 영향에 따라 그리스 문화를 열렬히 우러러보았음에도 불구하고, 이민족을 노예처럼 다루어야 한다는 아리스토텔레스의 생각에는 동의하지 않았다. 페르시아 정복 이후 그는 다민족·다문화를 포용하는 동서 융합 정책을 펼쳤다.

한편 아버지 필리포스 2세로부터는 전술이나 행정 같은 실제적인 일을 배웠다. 그 결과 알렉산드로스는 빼어난 장수이자, 문무를 겸비한 왕으로 성장했다.

알렉산드로스는 16세의 어린 나이부터 명장의 자질을 보였다. 기원전 340년에 필리포스 2세가 비잔티움(현재의 이스탄불)을 공격하는 동안 마케도니아의 통치를 맡아 트라키아(발칸 반도 동부 지방)의 마이디(Maidi)족을 무찔렀다. 2년 뒤 필리포스 2세가 그리스동맹국들을 격파한 카이로네이아(Chaeroneia) 전투(기원전 338)에서는 좌익군을 지휘하여, 테베의 신성부대(스파르타를 무찌른 300명의 정예부대)를 궤멸시키며 용맹함을 떨쳤다.

기원전 336년에 필리포스 2세가 암살되자 군대의 추대를 받아 20세의 젊은 나이로 왕이 되었다. 그는 즉시 필리포스 2세 살해를 배후 조종한 혐의를 씌워 린케스티스(Lynkestis) 지방의 제후들을 비롯한 경쟁자들과 반대 세력을 모두 제거했다.

알렉산드로스는 4단계 정복 전략을 구상했다. 1단계는 그의 근거지를 안전하게 확보하는 것이다. 이를 위해 발칸 반도 일대 그리스 국가들을 정복하는 전쟁을 벌인다. 2단계는 동쪽으로 나아가기 위해 후방의 안전을 확보해두는 것이었다. 이를 위해 그는 소아시아에서 이집트에 이르는 지역을 정복한다. 지중해 연안의 항구를 점령함으로써 절대적 우세에 있는 페르시아 해군을 무력화시킨 것이다. 3단계는 페르시아군을 격멸하는 것으로, 알렉산드로스는 가우가멜라(Gaugamela) 전투(기원전 331)에서 결정적인 승기를 잡는다. 4단계는 그가 이룬 제국을 공고히 하는 것이다. 이를 위해 알렉산드로스는 중앙아시아와 인도 북부까지 진출했다.

이수스 전투에서의 알렉산드로스 대왕(일부),
기원전 1세기경 모자이크 작품

원정의 발판을 다진 발칸 반도 점령

기원전 336년 알렉산드로스는 그리스 도시국가의 대표자 회의를 열고 헬라스(Hellas)연맹의 맹주로 뽑혔다. 곧이어 마케도니아의 북방에 야만족이 침입하고 서방에서 반란이 일어나자 정복에 나선다. 그런데 그가 이 정복 전쟁에서 전사했다는 소문이 퍼졌다. 이 소식을 들은 그리스의 많은 지역들이 동요했고, 테베(Thebes)의 주도로 반란이 일어났다. 다른 지역들도 테베를 지지했으며, 아테네인들은 데모스테네스(Demosthenes: 기원전 384~기원전 322)의 선동에 영향받아 테베 지원을 결의하기로 표결했다.

알렉산드로스는 이에 대응하기 위해 14일 만에 일리리아의 펠리온(Pelion of Illyria: 현재의 알바니아 코르처 부근)에서 테베까지 386킬로미터를 기습적으로 행군했다. 테베인들이 항복을 거부하자, 그는 군대를 이끌고 입성해 신전들만 남겨둔 채 도시를 철저히 파괴했다. 그 와중에 6,000명이 살해당하고 남은 생존자들은 모두 노예로 팔려갔다. 다른 그리스 국가들은 알렉산드로스의 냉혹한 조치에 겁을 먹었다. 하지만 여유를 되찾은 알렉산드로스는 아테네에 대해서는 관대한 조치를 내려 각 지역에 마케도니아 수비대가 배치되는 수준이었다. 이어서 그는 남쪽으로 진군해 불안정한 테살리아

(Thessalía)를 되찾는다. 이후 코린토스(Corinth)에서 열린 그리스동맹 회의에서 부왕 필리포스가 이미 계획하고 제안했던 아시아 침공을 수행할 총사령관으로 임명되었다.

기원전 335년 봄에 델포이(Delphi)를 거쳐 마케도니아로 돌아와 시프카 고개(Shipka: 불가리아 중부 발칸 산맥의 고개, 1,334미터)를 넘어 트라키아로 진군했다. 도나우 강을 건너 게테(Getae)족을 분산시키는 한편, 발칸 반도 서쪽으로 기수를 돌려 마케도니아를 침략한 일리리아인들의 연합군을 무찔렀다. 이로써 알렉산드로스는 원정의 후방기지가 될 발칸 반도의 안정을 찾았다. 이를 이루는 데 2년의 시간이 걸렸다.

페르시아 해군을 봉쇄하다

알렉산드로스의 힘은 그의 부친이 만든 마케도니아 팔랑크스(Phalanx)부대에 있었다. 그것은 신타그마(syntagma)가 기본 구성단위였다. 신타그마는 16열 16행 정방형으로 256명의 중보병으로 구성됐다. 이들의 기본 무장은 4.3미터의 장창이었다. 6개의 신타그마를 묶어 탁시스(taxis)라 불렀고, 다시 6개의 탁시스는 1개의 팔랑크스가 됐다. 곧 1개 팔랑크스 부대는 36개의 신타그마로 이뤄진 것으로 총인원은 9,216명에 달했다. 그리하여 이를 만인대(萬人隊)라고 부르기도 한다.

정방형 대형이 기본인 팔랑크스는 서양 군대의 뿌리다. 이러한 형태는 전장에서 일종의 '점(點)'이었다. 점의 군대가 화약이 등장하면서 '선(線)'의 군대로, 기계화 시대에 들어가면서 '면(面)'의 군대로 바뀐다. 대형을 이룬 군대의 기본 전투 방식은 정면 공격이다. 정면 대결로 이루어지는 집단 결투인 것이다. 이런 정면 대결의 전투 방식이 서양 전법의 밑바탕을 형성하고 있다.

마케도니아 팔랑크스의 전투

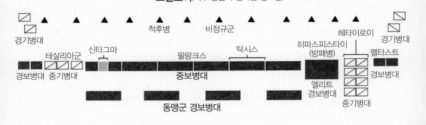

마케도니아군 전투 대형(필리포스 2세와 알렉산드로스 대왕 시대)

왕위에 오를 때부터 알렉산드로스는 이미 페르시아 원정을 결심하고 있었다. 그는 성장하는 동안 늘 페르시아 정복을 염두에 두고 있었다. 현실적으로도 그는 페르시아의 부(富)가 필요했다. 부왕 필리포스가 창건한 군대를 유지하고 자신이 빚진 500탈란톤(talanton: 고대 그리스 화폐 단위)이 필요했던 것이다.

기원전 334년 봄 그는 다르다넬스 해협(Dardanelles: 터키 서부 마르마라 해와 지중해를 잇는 해협)을 건넜다. 본국에는 아버지 때부터 충성을 바친 안티파트로스(Antipatros)를 1만 3,000명의 병력과 함께 대리인으로 남겨 두었다. 그는 보병 약 3만 명과 기병 5,000여 명, 그리스동맹에서 파견한 7,000명의 연합군을 직접 지휘했다. 원정군은 대규모의 측량사, 기술자, 건축가, 과학자, 궁정 관리, 역사가 등을 대동했다. 알렉산드로스는 처음부터 무제한 원정을 벌일 생각이었다.

알렉산드로스의 목표는 우선 지중해를 지배하고 있는 페르시아 함대를 기지로부터 고립시켜 파괴하는 것이었다. 페르시아 심장부로 전진하려면 필히 그들의 해군을 격파하여 후방을 확보해야 했다. 그는 남들과 다른 방법을 택했다. 페르시아 함대를 직접 격파하는 대신 함대가 정박하는 항구를 점령하기로 한 것이다. 알렉산드로스는 자신의 해군을 해체한 채 해안 도시들을 점령하며 "페르시아 함대를 육지에서 격파하겠다"라고 공언했다. 그는 소아시아를 걸쳐 이집트에 이르는 해안을 확보하고자 했다.

기원전 334년 마르마라 해 부근의 그라니코스 강(Granicos: 현재 코카바스 강)에서 최초로 페르시아군과 마주쳤다. 페르시아군의 계획은 알렉산드로스가 강을 건너도록 유인하여 육박전으로 그를 살해하는 것이었다. 알렉산드로스는 부왕이 즐겨 사용했던 사선대형을 적용했다. 사선대형의 핵심은 '망치와 모루(Hammer and Anvil Tactic)' 전술이다. 중보병으로 이뤄진 '모루'는 방어를 취하고, 기병을 중심으로 이뤄진 '망치'는 기동력을 바탕으로 적의 측후방을 타격하는 것이다.

그라니코스 전투에서 다리우스 1세(Darius I: 페르시아제국의 왕, 재위 기원전 522~기원전 486)의 수많은 용병이 알렉산드로스의 사선 전술에 걸려 학살당했다. 2,000명의 생존자는 사슬에 묶여 마케도니아로 보내졌다. 이 승리로 소아시아 서부가 마케도니아군에게 노출된다.

기원전 333년 봄, 해안도로를 따라 이집트 방향으로 진군한 알렉산드로스는 이수스(Issus) 부근에서 다리우스 3세(Darius III: 페르시아제국의 왕, 재위 기원전 336~기원전 330, 이하 다리우스)와 결전을 벌인다. 이 전투에서 알렉산드로스는 결정적인 승리를 거둔다. 페르시아군의 대패로 인해 이집트로 가는 길이 열리는 순간이었다.

알렉산드로스는 1년간의 전투 끝에 소아시아 일대를 점령했다. 이에 다리우스는 군대를 집결시켜 반격을 준비했다. 이 소식을 들은 알렉산드로스는 파르메니온(Parmenion)을 보내 이수스를 지키게 했다. 이수스는 군사적 요충지로 페르시아가 이수스 일대를 탈환하면 다리우스는 함대와 보급을 동시에 얻고 소아시아에 있는 알렉산드로스의 배후를 위협할 수 있었다.

파르메니온은 전략적 요충지인 '요나의 기둥'을 지키고 있었다. 이를 사전에 파악한 다리우스는 대군을 이끌고 시리아에서 우회하여 북쪽에서 이수스 평원으로 진격했고 이수스를 저항 없이 점령했다. 이어서 남진하여 알렉산드로스의

이수스 전투에서 마케도니아군(청색)과 페르시아군(적색)의 이동 경로

군대와 마주하게 된다.

알렉산드로스는 분산된 병력을 집결시키고 파르메니온과 합세했다. 양쪽 군대의 병력은 대략 다음과 같이 추산된다. 페르시아군은 경보병 6만 3,000명, 이모탈(Immortal: 페르시아 불사부대) 1만 명, 그리스 중보병 1만 명, 기병 1만 1,000명이었다. 알렉산드로스군은 마케도니아 경보병 1만 3,000명, 중보병 2만 2,000명, 기병 5,850명이었다.

다리우스군은 전면에 피나루스(Pinarus) 강을 두고 우측은 이수스 만의 해변과 접하게 진을 쳤다. 진의 중앙에서는 강가에 말뚝을 박아 마케도니아군을 저지하려고 했다. 다리우스는 최정예 보병과 함께 진형의 가운데에 자리를 잡은 뒤,

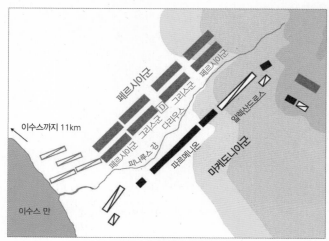

이수스 전투 초기 배치도

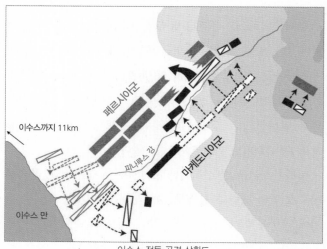

이수스 전투 공격 상황도

그 앞에 그리스 중보병들과 페르시아 보병을 배치하고 기병은 우익에 타격부대로 배치했다. 왼편 산기슭에는 경보병 한 부대를 배치하여 알렉산드로스의 배후를 치려고 했다.

알렉산드로스는 그의 최정예 헤타이로이(hetairoi: 마케도니아의 중기병대)를 우측에, 테살리아 연합군 기병을 좌측에 배치했고, 중앙에는 팔랑크스를 배치했다. 알렉산드로스는 헤타이로이를 직접 지휘하고, 파르메니온에게 나머지 기병들과 팔랑크스를 지휘하도록 했다. 기병을 좌우로 나누기는 했지만 주력은 우측에 집중했다. 이는 알렉산드로스가 바다 쪽 지형에서 기병이 제대로 기동력을 발휘하지 못할 것으로 예측했기 때문이다. 이 전투에서도 망치와 모루 개념이 적용되었는데, 파르메니온이 이끈 팔랑크스부대는 모루였고, 알렉산드로스의 헤타이로이는 망치 역할을 했다.

전투는 페르시아 기병대가 강을 건너 마케도니아 진영의 좌측을 치는 것으로 시작되었다. 그곳에 있던 알렉산드로스의 군대는 수적으로 우세한 페르시아군을 맞아 최대한 버텼다. 중앙의 마케도니아 중보병은 강을 건너 페르시아의 전열에 가까스로 타격을 가하는 데 성공한다. 알렉산드로스는 우측의 헤타이로이를 이끌고 직접 다리우스의 본진으로 돌파해 들어갔다.

페르시아의 전열은 급속히 무너지고 다리우스는 급히 후

방으로 도망쳤다. 알렉산드로스는 페르시아 진영의 귀퉁이가 무너지는 것을 보고 적의 후미를 공략한다. 다리우스가 퇴각하는 것을 본 페르시아군은 앞다투어 도망치기 바빴고 전열은 완전히 무너져버렸다. 다리우스는 수적 우위를 살리지 못한 채 알렉산드로스에게 완패하고 만 것이다.

알렉산드로스는 이수스 전투 이후 페르시아 함대의 근거지인 티루스·가자 등을 점령했다. 그리고 시리아와 페니키아를 정복한 다음 이집트를 공략했다. 이집트에서는 나일 강 하구에 자신의 이름을 딴 도시 알렉산드리아를 건설했다.

페르시아의 숨통을 끊은 가우가멜라 전투

알렉산드로스는 이집트 정복으로 페르시아 해군을 일소하고 후방의 안전을 확보하자 페르시아 심장부로 방향을 전환했다. 가우가멜라 전투(기원전 331)는 페르시아군의 중심을 격파하는 결정적인 전투였다. 이 전투는 알렉산드로스가 전투의 달인으로서 기량을 최대한으로 보여주어 후세의 전술가들이 돌파 기동의 전형으로 여길 정도다. 가우가멜라 전투에서 마케도니아군이 압승을 거두면서 다리우스가 이끌던 아케메네스 왕조의 숨통을 끊는다.

기원전 333년 이수스에서 대승을 거둔 알렉산드로스는 2년간 지중해 동부 해안 전체와 이집트를 정복했다. 그리고 곧이어 페르시아의 심장부 메소포타미아를 향해 진군하기 시작했다. 그동안 다리우스는 남아 있는 제국 영토에서 열심히 병력을 긁어모았다. 양국의 군대는 가우가멜라 평원에서 격돌했다.

마케도니아군의 중보병은 3만 1,000명으로 세부적으로는 마케도니아 팔랑크스가 1만 2,000명, 히파스피스타이(방패경보병) 3,000명, 그리스동맹군 7,000명, 그리스 용병 9,000명이었다. 경보병은 총 9,000명으로써 트라키아군 6,000명에 일리리아, 아그리아니아, 크레타군이 각각 1,000명이었다. 기병은 대략 7,000명으로, 중기병은 헤타이로이 2,100명을 포함해 5,000명, 경기병은 2,000명 정도였다. 따라서 전체 병력은 4만 7,000명 정도가 됐다.

이에 비해 고대 역사가들은 페르시아군의 병력이 100만 명에 달했다고 기록하고 있다. 그러나 이런 수치를 믿을 사람은 아무도 없다. 현대 학자들 중에서 한스 델브뤼크(1978)는 5만 2,000명, 존 워리(1998)는 9만 1,000명, 엥겔스(1920)와 그린(1990)은 10만 명이 넘지 않을 것이라고 예상했다. 학자들의 추정치에는 차이가 있으나 대략 10만 내외의 병력으로 추산된다.

다리우스는 대규모 기병전을 위해 아르메니아에서 박트리아(현재의 아프카니스탄 북부 인근 지역)까지 제국의 동방 영토 전역에서 기병을 끌어모았다. 적게는 1만 2,000명 선에서 많게는 4만 명까지 추정된다. 낫전차 200대와 전투 코끼리 15마리도 있었다. 다리우스는 전차가 상당히 활약할 것으로 기대하고 가우가멜라 평원의 땅을 평평하게 고르고 다져서 전차를 쓰기 위한 만반의 준비를 했다. 요약하면 마케도니아 4만 7,000대 페르시아군 10만가량의 대결이었다.

전장에는 페르시아군이 먼저 배치되었다. 중앙에는 다리우스와 페르시아 기병 호위대, 이모탈과 그리스 용병대, 궁수들이 자리잡았다. 좌익의 베수스(Bessus) 장군과 우익의 마

가우가멜라 전투 당시 페르시아군의 낫전차 공격.
앙드레 카스테뉴(Andre Castaigne), 1898~1899년 작품

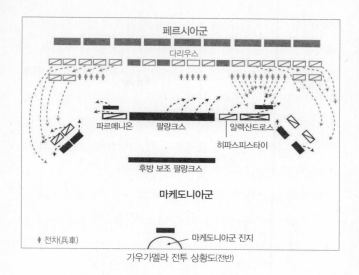

페르시아군

다리우스

파르메니온 팔랑크스 알렉산드로스

히파스피스타이

후방 보조 팔랑크스

마케도니아군

전차(兵車)

마케도니아군 진지

가우가멜라 전투 상황도(전반)

자에우스(Mazaeus) 장군은 중앙의 양옆으로 길게 기병대를 포진시켰고, 징집병들은 모두 후위에 배치했다. 전차대는 중앙에 전진 배치했다.

이에 맞선 알렉산드로스는 기존 방식대로 중보병들을 중앙에, 기병들을 양옆에 배치했다. 그러나 그는 페르시아의 기병 전력이 워낙 압도적이었으므로 그동안 애용했던 망치와 모루 전술로는 이길 수 없다는 사실을 알고 있었다. 그래서 알렉산드로스는 페르시아 기병들을 양쪽 측면에 묶어놓으면서, 중앙을 직접 공격해 다리우스를 노리기로 했다. 팔랑크스는 사선대형으로 진군했고, 그리스 중보병 중 일부를 떼어내서 팔랑크스 뒤에 배치했다. 이처럼 보병을 이중으로 배치한 것은 사선대형으로 전진하다가 측면이나 후면을 공격당하는 것에 대비하기 위해서였다. 알렉산드로스는 우측을 총지휘하는 동시에 기병들을 이끌고 전면에 나섰고, 좌측은 백전노장 파르메니온에게 맡겼다.

마케도니아군이 수적 열세에도 진군해 오는 것을 보자 페르시아군은 전차들을 출격시켰다. 마케도니아군은 직진밖에 하지 못하는 전차의 특성을 이용해 이들을 간단히 무력화시켰다. 전차 돌격과 동시에 페르시아 좌, 우측의 모든 기병들

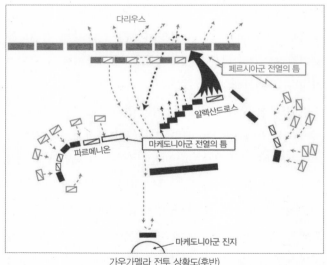

가우가멜라 전투 상황도(후반)

이 전진하기 시작했다. 특히 베수스가 이끄는 박트리아 기병들은 알렉산드로스의 기병들을 추적하는 특수 임무를 받았다. 그 결과 마케도니아군의 좌익과 우익은 모두 페르시아군 기병대의 맹공을 받게 되었다. 하지만 중앙의 팔랑크스는 이에 개의치 않고 페르시아 전열을 향해 계속 전진했다. 페르시아 궁병부대가 팔랑크스를 향해 사격을 가하고, 그리스 용병대와 이모탈이 막아섰지만 역부족이었다.

이때 마케도니아군 중앙이 계속 진격해 들어오면서 좌측과의 연결이 끊어진 것을 확인한 마자에우스의 페르시아 기병대가 그 틈을 돌파했다. 좌익을 맡은 파르메니온의 군대는 이미 전면에서 페르시아 우익군의 맹공을 받고 있었기 때문에 페르시아 기병들이 후위를 강타한다면 붕괴될지도 모르는 상황이었다. 하지만 알렉산드로스가 배치해 놓은 후위의 예비대가 이를 발견하여 반격에 나섰다. 페르시아 기병 일부가 곧바로 마케도니아 진지로 이동하면서 마케도니아 좌익군은 구사일생의 위기를 넘겼다. 파르메니온은 좌익군이 붕괴될지도 모른다고 염려하여 알렉산드로스에게 구원 전령을 급파했다.

한편 페르시아군 전열에도 틈이 생겼다. 이때 페르시아군 중앙은 이미 마케도니아군 중앙의 맹공을 받고 있었다. 페르시아 좌익의 기병들은 모두 마케도니아 우익군을 공격하고 있었다. 알렉산드로스와 다리우스 사이를 가로막는 장벽이 모두 없어진 것이다.

이에 알렉산드로스는 대다수의 기병을 이끌고 다리우스를 향해 쇄도해 들어갔다. 페르시아 좌측의 기병들 중 일부가 뒤늦게 이를 발견하고 중앙을 구원하려 했다. 하지만 아그리아니아 경보병들이 알렉산드로스의 후방을 지키며 맹렬히 저항했으므로 신속한 구원이 불가능했다. 이미 중앙을 거침없이 밀어붙이는 마케도니아의 팔랑크스에게 질려 있던 다리우스는 알렉산드로스가 바로 근처까지 맹렬한 기세로 달려오는 것을 보고 크게 놀라 달아나기 시작했다.

페르시아군의 후위에서 마케도니아군이 육박해 오는 모습을 보며 우물쭈물하고 있던 징집병들은 다리우스가 도주하는 모습을 보자 충격과 공포에 빠져 정신없이 달아나기 시작했다. 중앙의 전면적인 패주를 확인한 베수스 역시 좌측 기병대를 불러들여 퇴각하기 시작했다.

다리우스의 패배를 확인한 좌익의 베수스가 바로 병력을 모아 퇴각한 것과는 달리 페르시아군 우익은 곧바로 퇴각하지 못했다. 파르티아(Parthia)와 히르카니아(Hyrcania), 페르시아와 인도 기병 등이 남아서 파르메니온을 구원하러 온 알렉산드로스의 기병대와 맞붙었다. 이 싸움이 그날의 가장 처절한 싸움이었다. 그러나 테살리아 기병대가 측면 공격을 성

가우가멜라 전투에서 패주하는 다리우스 3세, 18세기 상아 부조 작품

공시키면서 남은 페르시아군 기병대 역시 대부분 패주했다. 이에 알렉산드로스는 추격 명령을 내린다. 30킬로미터 떨어진 아르벨라(Arbela)까지 추격했지만 다리우스는 이미 멀리 달아났다. 이 전투에서 알렉산드로스는 전투의 달인으로서의 면모를 여지없이 보여주었다.

　이 전투 이후 알렉산드로스는 바빌론(Babylon: 현재의 이라크 바그다드 남쪽 80킬로미터에 위치)과 그 지방 전역을 점령했다. 페르시아 제국의 수도인 수사(Susa: 현재의 이란 남서부에 위치)도 항복했으며 금화 5만 탈렌트에 상당하는 막대한 보물을 내놓았다. 간신히 살아남은 다리우스는 동쪽으로 도주하여 군대를 재건하려고 했지만 알렉산드로스에게 계속 추적당했다. 기원전 330년, 결국 다리우스는 박트리아에서 베수스에게 살해당한다. 이후 베수스는 자신을 페르시아 왕 중의왕 아르타크세르크세스 5세(Artaxerxes V)라고 스스로 칭했으나 동조하는 세력이 없었다. 기원전 329년 베수스는 왕을 시해한 죄목으로 알렉산드로스에 의해 처형당했다.

인도까지 확장된 마케도니아 왕국

페르시아 정복은 끝났으나 알렉산드로스의 욕망에는 끝이 없었고, 제국은 유럽과 중동을 넘어 아시아, 인도 북부에이르렀다. 그는 군사·정치 지도자로서 한편으로는 정복을,다른 한편으로는 동서양을 통합하는 융합 정책을 펼쳤다.

중앙 아시아 정복

알렉산드로스는 중앙아시아로 향했다. 5년간의 정복 전쟁을 통하여 카스피(Caspie) 해, 캅카스(Kavkaz) 산맥, 사마르칸

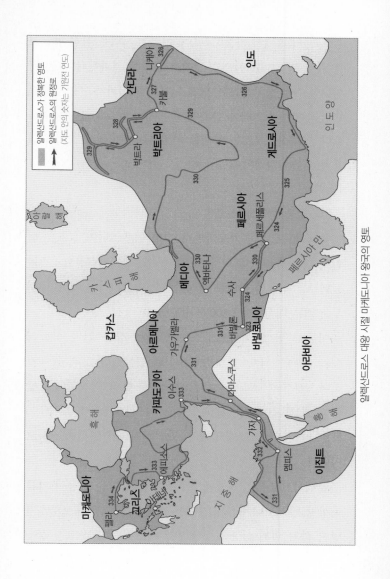

알렉산드로스 대왕 시절의 마케도니아 동방 영토

트(Samarkand)에서 카불(Kabul)에 이르는 지역을 점령했다. 그는 칼로 정복하고 펜으로 그리스 문화를 전파했다. 그는 군인이었으며, 정치가였고, 그리스 문화를 전파하는 학자였다. 원정 중에는 박트리아 귀족의 딸 록사나(Roxana)를 만나기도 했다. 알렉산드로스는 화해를 이루려는 의미에서 그녀와 결혼했고, 유일한 혈족을 얻는다.

인도 침공: 히다스페스 전투

알렉산드로스는 가우가멜라 전투 이후 5년여가 흐른 뒤 인도 정복에 나섰다. 기원전 327년 초여름 알렉산드로스는 지휘부를 비롯한 군대를 재정비하고 박트리아를 떠났다. 전투 병력은 대략 3만 3,500명 정도였다.

이듬해 봄 알렉산드로스는 인더스 강을 건너 탁실라(Taxila: 현재의 파키스탄 북부에 위치)로 진군했다. 그의 군대가 히다스페스 강(Hydaspes: 인더스 강의 지류 중 하나) 북안에 도달했을 때 강 건너에는 포루스(Porus: 파우라바 왕국의 왕, 재위 기원전 340~기원전 315)의 군대가 그를 저지하기 위해 포진하고 있었다.

알렉산드로스는 기만전술을 활용했다. 그는 강물이 마를 때까지 마케도니아군이 기다릴 계획이라는 것을 포루스가 믿게 하기 위해 신중하게 소문을 퍼뜨렸다. 그러고는 강을

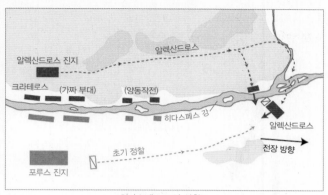

히다스페스 강

알렉산드로스 진지

크라테로스 (가짜 부대) (양동작전)

알렉산드로스

초기 정찰

포루스 진지

알렉산드로스

전장 방향

히다스페스 도하 상황도

건너가기 위해 준비하는 것처럼 나팔을 불고 함성을 지르게
했다. 포루스군이 이런 상황을 예의 주시하는 사이 알렉산드
로스의 정찰대는 은밀하게 이동하여 진영에서 25킬로미터
떨어진 상류에 도하(渡河) 지점을 확보해두었다. 본진에서는
계속 적을 기만하며 주요 병력을 도하 지점에 집결시켰다.

기습적으로 강을 건넌 알렉산드로스는 정예부대를 이
끌고 적의 배치를 정찰하기 시작했다. 그의 병력은 기병
5,000명과 보병 6,000명이었다. 이에 비해 포루스의 병력은
기병 4,000명, 보병 3만 명이었다.

알렉산드로스는 코끼리부대가 있는 정면은 회피했다. 그
는 중기병 대장 코이노스(Coenus)로 하여금 포루스군의 우측
과 배후를 공격하게 했다. 알렉산드로스의 팔랑크스는 포루

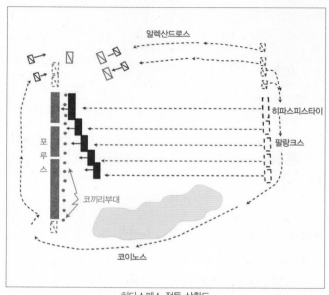

히다스페스 전투 상황도

스의 좌측으로 사선 기동했다. 코이노스가 이끄는 기병은 적에게 발견되지 않고 포루스군의 우측 배후를 강타했다.

　포루스군은 양쪽 측면에서 공격받자 당황했고 코끼리부대를 내보냈다. 그러나 부상당한 코끼리들이 포루스군 진지로 달려와 병사들이 자기들 코끼리에 살해당하는 사태가 발생했다. 결국 포루스군은 뿔뿔이 흩어졌고, 알렉산드로스의 추격전이 이어졌다. 포로가 된 포루스는 알렉산드로스의 동맹이 되었다.

알렉산드로스는 계속 진격하여 히파시스 강(Hyphasis: 현재의 인도 북서부 베아스 강)까지 나아갔다. 그러나 장기간의 원정으로 지쳐 있던 그의 군대는 열대우림 지대를 뚫고 행군하라는 명령을 거부했다. 알렉산드로스 휘하의 주요 지휘관 4명 중 한 사람인 코이노스가 대표로 나서 그를 설득했다. 군대의 결심이 완강하다는 것을 알게 된 알렉산드로스는 마침내 회군을 결정한다.

때 이른 죽음과 후계자 전쟁

기원전 324년 봄, 알렉산드로스는 페르시아 제국의 수도였던 수사로 돌아와 그동안의 원정을 기념하는 잔치를 성대하게 열었다. 또한 그는 수사에서 마케도니아인과 페르시아인의 합동결혼식을 치르며 민족 간의 융합을 장려했다. 이후 알렉산드로스는 티그리스(Tigris) 강 하구에 알렉산드리아를 건설하고, 인도와의 해상 교역을 추진했다. 한편 바빌론에서 유프라테스 강의 관개시설을 개량하고 페르시아 만 해안지방에 정착촌을 만드는 사업계획으로 분주했다.

정착 생활도 잠시, 고된 업무와 잦은 연회로 점점 체력이 고갈되어갔던 것일까? 기원전 323년, 알렉산드로스는 갑자기 말라리아로 추정되는 병에 걸렸다. 그리고 며칠 후인 6월 10일(혹은 11일), 재위 기간의 대부분을 정복에 쏟아부은 그는 33세의 나이로 허망하게 세상을 떠났다.

너무 이른 나이에 죽은 나머지 그의 뒤를 이을 후계자가 지명되어 있지 않았다. 그의 휘하에 있던 장군들은 필리포스 2세의 서자, 즉 알렉산드로스의 이복형제인 필리포스 3세 아르히데우스(Philippos III Arrhidaeus)와, 록사나에게서 태어난 알렉산드로스 대왕의 유복자 알렉산드로스 4세(Alexander IV)를 공동 왕으로 추대했다.

알렉산드로스 대왕이 죽고 나자 제국은 한 덩어리로 유지되기가 어려웠다. 장군들의 권력다툼 속에 아르히데우스는 기원전 317년, 그리고 알렉산드로스 4세는 기원전 309년(혹은 기원전 310)에 살해당했다. 속주들은 독립적인 왕국이 되었으며 기원전 306년 안티고노스(마케도니아)를 필두로 프톨레마이오스(이집트) 등의 장군들이 왕의 칭호를 사용했다.

17년간 로마와 싸운 한니발

한니발(Hannibal: 기원전 247~기원전 183)은 17년 동안 단독으로 로마를 위협한 카르타고의 장군이다. 알프스 산맥을 넘은 3만여 명의 원정군을 이끌고 약 70만 명의 군대를 동원할 수 있었던 로마를 괴롭혔다. 17년간 로마는 일개 장군을 상대로 싸웠다. 사람들은 그를 전략의 아버지라고 부른다.

한니발의 흉상

바르카스 가문의 계승자

당시 지중해에는 페니키아인들이 세운 카르타고(Carthago: 현재의 북아프리카 튀니스 만 연안에 위치했던 도시 국가)가 그리스를 대신하여 경제 대국으로 부상한 상태였다. 그때만 해도 신흥국이던 로마가 카르타고를 정복한다는 것은 생각할 수 없는 일이었다.

로마는 카르타고와 기원전 348년 맺은 불평등 조약으로 사르데냐(Sardegna)와 코르시카(Corsica) 섬 서쪽, 즉 지중해 서쪽 전역과 통상이 금지되어 있었다. 로마는 제1차 포에니전쟁(기원전 264~기원전 241) 결과 시칠리아 섬 부근의 제해권을 장악했으나 이는 제한적인 것이었다. 로마의 입장에서는 방어 전투였다.

한니발은 카르타고의 장군으로 제1차 포에니전쟁에서 명성을 떨친 하밀카르 바르카스(Hamilcar Barcas: 기원전 270?~기원전 228)의 아들로 태어났다. 한니발에게는 2명의 형제와 여러 명의 누이가 있었다. 형제의 이름은 하스드루발(Hasdrubal)과 마고(Mago)였다. 매형으로는 보밀카르(Bomilcar), 공정한 하스드루발(Hasdrubal the Fair), 누미디아(Numidia: 현재의 알제리 북부에 존재했던 고대 왕국)의 왕자인 나라바스(Naravas)가 있었다.

하밀카르는 제1차 포에니전쟁 당시 시칠리아 점령지의

카르타고군 사령관이었다. 제1차 포에니전쟁 당시 로마는 시칠리아 전역을 거의 점령했으나 그의 분전으로 목적을 달성하지 못했다. 하밀카르는 기원전 241년까지 로마군으로부터 시칠리아를 효과적으로 방어했다. 그러나 카르타고 함대가 로마에 패배한 후 하밀카르는 로마와 종전 조약을 체결하고, 그의 부대는 항복 없이 카르타고로 철수했다.

하밀카르는 제1차 포에니전쟁 이후 북아프리카에서 용병들이 일으킨 반란을 성공적으로 진압하여 카르타고 시민들에게 큰 인기를 얻었다. 그러나 이를 질투하고 시기하는 정치 세력이 카르타고 내에서 하밀카르의 반대파를 형성하자 그는 누미디아 기병대와 함께 에스파냐로 이주한다. 그는 카르타고와는 거의 별개로 에스파냐에서 독자적인 세력을 형성했다. 이 지역을 제1차 포에니전쟁에서 상실한 시칠리아를 대신할 만한 곳으로 만들기 위해 노력하던 하밀카르는 기원전 228년 전투 중 사망했다.

하밀카르가 전사할 당시 한니발의 나이는 18세였다. 그의 사후 바르카스 가문의 지도권은 한니발의 매형 하스드루발에게 계승되었다. 8년 후 하스드루발이 암살되자 한니발이 지도권을 계승하게 된다. 기원전 221년 26세의 젊은 나이로 에스파냐 총독의 자리에 오른 것이다.

역사상 최초로 겨울에 알프스를 넘다

기원전 218년 제2차 포에니전쟁이 시작되었다. 한니발이 에스파냐 동부의 도시 사군툼(Saguntum)을 공격한 것이 계기가 되었다. 이 도시는 에스파냐 진출을 위한 로마의 전초 기지 역할을 했다. 한니발은 로마의 위협을 제거하기 위해 이 도시를 선제공격한 것이다. 한니발은 8개월의 공성전 끝에 사군툼을 점령한다.

기원전 218년 고작 29세에 불과한 젊은 장군 한니발은 피레네 산맥(Pyrenees: 프랑스와 에스파냐의 경계를 이루는 산맥)과 갈리아(Gallia: 현재의 북이탈리아, 프랑스, 벨기에 일대를 아우르는 지역)를 거쳐 겨울에 알프스 산맥을 넘었다.

알프스를 넘는 일은 쉽지 않았다. 특히 병력의 손실이 컸다. 원정을 시작할 당시 한니발의 병력은 10만이 넘었으나 알프스를 넘었을 때 그의 수중에 남은 병력은 고작 2만 6,000명이 전부였다. 이런 엄청난 희생을 감수한 것에는 나름의 이유가 있었다.

당시 로마는 한니발의 군대가 해안을 따라 행군할 것이라 예상하여 마르세유(Marseille: 프랑스 남부 지중해 연안의 항구도시)에 집결하고 있었다. 로마군이 충분한 보급을 받을 수 있는 마르세유에서 그들과 전투를 벌이는 것은 한니발에게 절대

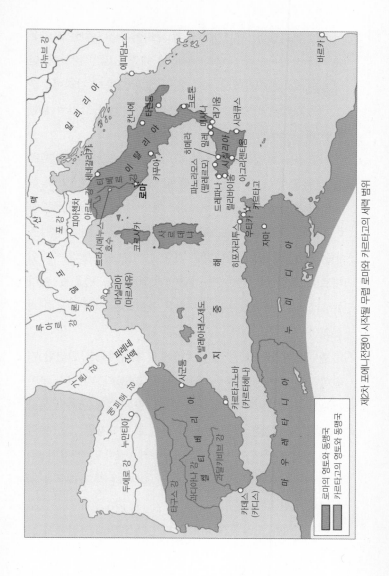

제2차 포에니전쟁이 시작될 무렵 로마와 카르타고의 세력 범위

적으로 불리했다. 게다가 그곳의 갈리아족(켈트족)은 로마군에 우호적이어서 한니발의 편에 설 세력이 많지 않았다. 한니발은 북이탈리아에서 싸우고 싶었다. 그곳의 갈리아족은 로마의 지배에 거세게 저항하고 있던 중이었다. 잘만 이용한다면 한니발에게 큰 도움이 될 것이었다.

장단점을 면밀하게 검토한 한니발은 로마군의 허를 찌르는 선택을 한다. 알프스 산맥을 넘기로 한 것이다. 그 뒤 한니발의 동생 하스드루발 바르카스와 아주 오래 뒤에 등장하는 나폴레옹 또한 알프스를 넘지만, 두 사람이 여름에 알프스를 넘은 데 비해, 한니발은 겨울에 이를 시도했다는 점이 다르다. 또한 한니발은 두 사람에게 알프스를 넘을 수 있다는 사실을 보여주었지만, 한니발은 알프스를 넘어 진군한 최초의 장수였다.

한니발의 알프스 공격은 로마에게 전략적으로 완전한 기습이었다. 로마는 우수한 해군을 가진 카르타고군이 남부지방으로 공격할 것이라 예상했다. 한니발은 그런 로마의 예상을 완전히 뒤엎은 것이다. 군사 용어로 말하자면 그는 로마군의 심리적 최소 예상선(적의 입장에서 아군이 공격하지 않으리라고 생각하는 지점을 아군이 판단하는 것)을 따라 적의 배후를 정확하게 노린 것이다.

이탈리아에 도착한 한니발은 티키누스(Ticinus) 강에서 로마군과 기병전을 벌여 승리했다. 로마 기병은 한니발의 기병에 적수가 되지 못했다. 전투 이후 갈리아인들이 한니발 휘하에 자원하여 그의 병력은 순식간에 9만여 명으로 증가했다. 이뿐만 아니라 한니발은 북부 이탈리아의 모든 갈리아족과 동맹을 맺음으로써 보급과 지원을 받을 수 있게 되었다.

트레비아 전투로 이탈리아 북부를 장악하다

트레비아(Trebia) 전투는 기원전 218년 제2차 포에니전쟁의 첫 번째 전투이다. 로마군은 상당한 전사자를 내고 완패했으나 그럼에도 불구하고 1만여 명의 로마군단은 그들의 우수함을 보여주어 부분적이나마 우세함을 보이고 명예롭게 후퇴하는 데 성공했다. 한니발은 그의 독창적이고 뛰어난 재능을 발휘해 이 전투를 승리로 이끌었다. 로마의 집정관 티베리우스 셈프로니우스 롱구스(Tiberius Sempronius Longus: 기원전 260~기원전 210, 이하 티베리우스)는 로마군을 육체적으로 힘든 전투로 내몰아 카르타고군을 정면으로 상대하게 하여 패배를 자초하고 만다.

로마 원로원은 한니발의 기세에 놀라 시칠리아에 주둔하고 있었던 집정관 티베리우스에게 급히 이탈리아 북부로 올라가 푸블리우스 코르넬리우스 스키피오(Publius Cornelius Scipio: 스키피오 아프리카누스의 아버지, 기원전 211년 사망)를 지원하라고 명령했다. 원로원은 이때 푸블리우스 스키피오가 티키누스 강에서의 기병전으로 인해 심한 부상을 입고 있었다는 사실은 모르고 있었다. 푸블리우스 스키피오가 이 부상으로 인해 피아첸차(Piacenza: 이탈리아 북부의 도시)의 언덕에서 꼼짝을 못 하자 로마의 식민 지배 아래 있던 갈리아인들은 모두 반란을 일으킨다. 한니발은 푸블리우스 스키피오가 머물고 있던 군사 기지의 바로 밑에 병사를 이끌고 주둔하고 있었다.

당시 푸블리우스 스키피오는 대략 2만 5,000명의 병력을 보유하고 있을 것이라 추정된다. 티베리우스는 2개 군단과 (보병 8,000명, 기병 600명), 1만 5,000명의 동맹시(同盟市) 보병을 가지고 있었다. 푸블리우스 스키피오는 티베리우스보다 더 많은 보병을 보유하고 있었으므로 최고 지휘관 역할을 맡았다. 그러나 두 집정관은 원로원의 지시가 없는 이상 서로의 병력을 지휘할 권한은 없었다.

한니발은 4만여 명의 병력으로 이들에 맞섰다. 그중 2만여 명은 갈리아군과 에스파냐, 아프리카 중보병이었고, 기병은 1만여 명이었으며, 2,000명은 매복을 하고 있었다. 8,000여 명의 병력은 발레아레스(Baleares) 투석병이었다. 한니발은 기병과 보병의 비율이 1:4 수준이었다. 이에 비해 로마군은 기병과 보병의 비율이 1:10 수준이었다.

기원전 218년 12월은 춥고 눈이 많이 내렸다. 로마에서는 새로운 집정관 선거가 다가오고 있었다. 티베리우스는 마음이 조급해졌다. 성급하고 공격적인 성격을 가진 그는 푸블리우스 스키피오가 다 낫기 전에 한니발과 결판을 내서 공을 독차지하고 싶어 했다. 한니발은 티베리우스의 이런 성격을 이용하기로 계획을 짠다.

한니발은 갈리아인 스파이를 통해 로마군의 동향을 낱낱이 파악하고 있었다. 로마군이 전투에 나설 준비가 되자 한니발은 각 부대에서 100명의 정예를 뽑은 뒤 이들에게 각각 10명씩을 뽑게 했다. 새로 편성된 1,000명의 보병과 1,000명의 기병은 한니발의 동생인 마고에게 주어졌다.

한니발은 주변 지형을 상세하게 파악했다. 정찰 결과 강 근처엔 가시나무와 숲으로 뒤덮인 늪이 하나 있었는데, 그는 이곳에 마고의 부대를 매복시킨다. 이들은 밤에 이 숲으로 들어가 다음 날 아침에 있을 공격에 대비했다.

한니발은 먼저 누미디아 기병을 모두 내보내 트레비아 강을 건너 로마 진지를 공격하게 한 뒤 후퇴하게 했다. 로마군을 한니발의 복병이 공격하기 좋은 위치까지 유인하려는 것이었다. 누미디아 기병이 로마 진지 바로 앞까지 도착하여 로마군에게 투창을 던지기 시작했다. 이에 대응하여 티베리우스는 로마 기병을 즉각 투입하여 누미디아 기병을 쫓게 했다. 그 뒤 6,000여 명의 투창병을 투입하고, 남은 중보병은 전투 대형을 짜도록 했다. 이 진지에는 1만 2,000명의 로마 군단병과 2만여 명의 동맹시 중보병이 있었다.

춥고 눈 내리는 아침, 로마군은 아직 식사를 하지 않았을 때였다. 하지만 그들은 트레비아 강을 건너 한니발군을 뒤쫓아야 했다. 차디찬 강물은 가슴까지 차올랐다. 고생 끝에 강물을 건넌 로마군은 그들의 무기를 간신히 들어 올릴 수 있었을 뿐이었다.

이에 비해 진지에서 대기하고 있던 한니발군은 배불리 먹고 따뜻한 횃불로 몸을 녹인 상태였다. 사실 한니발은 로마군이 강을 절반 정도 건넜을 때 기습할 수도 있었다. 그러나 그는 로마군이 강을 다 건널 때까지 기다렸다. 로마군을 완전히 쳐부숨으로써 갈리아의 동맹군들에게 완벽하고 철저한 승리를 보여주기 위해서였다.

강을 건넌 로마군에게 한니발은 8,000명의 투창병과 발레아레스 투석병을 투입했다. 이들이 로마군을 견제하는 동안 한니발은 2만 명의 아프리카, 에스파냐, 갈리아 보병으로 이루어진 중보병대의 전열을 가다듬었다. 그런 다음 로마 기병을 제압하기 위해 1만여 명의 기병과 약간의 코끼리부대를 양쪽 날개에 배치했다.

누미디아 기병은 카르타고군에서 나와 로마 기병을 공격하기 시작했다. 티베리우스는 공격받는 기병을 좌우 날개로 물러나게 했다. 그러자 누미디아 기병은 로마 투창병을 공격하여 투창을 모두 소모하게 했다. 로마군과 카르타고군이 점차 가까워지자 티베리우스는 이들 경보병을 모두 중보병 뒤로 물렸다.

동시에 한니발 또한 투창병과 발레아레스 투석병을 모두 물러나게 했는데 경보병을 중보병 뒤로 물린 로마군과는 달리 한니발은 이들을 좌우 날개로 물러나게 했다. 이 시점에서 양쪽의 포진은 다음과 같다. 중앙에서 3만 2,000여 명의 로마 중보병은 2만여 명의 카르타고 중보병과 맞섰는데, 수적으로만 보면 1.6:1의 비율로 로마가 우세했다. 양쪽 날개에선 각각 2,000여 명의 로마 기병이 5,000여 명의 카르타고 기병과 4,000여 명의 투창병을 상대해야 했으므로 1:4.5의 비율로 로마가 열세였다. 더군다나 양쪽 날개엔 코끼리까지 포함되어 있었다.

경보병이 물러난 뒤 중보병이 서로 점점 다가서서 싸우기 시작했다. 그와 동시에 카르타고군의 양쪽 날개가 로마 기병을 4.5:1의 비율로 공격하기 시작했다. 수적으로 대단히 열세였던 로마 기병은 순식간에 강으로 밀려났고 곧 전장을 이

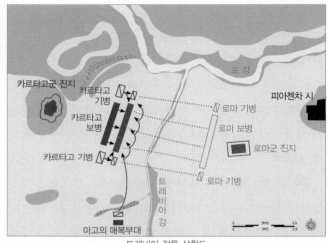

트레비아 전투 상황도

탈했다. 그 결과 로마 중보병의 양쪽 날개는 완전히 노출되었다.

근처에 매복하고 있었던 마고의 복병부대는 진군하여 로마군의 배후를 압박하기 시작했다. 추위와 배고픔, 그리고 피로에 젖어 사기가 떨어질 대로 떨어진 로마군은 이 공격을 견디지 못하고 그들의 진지를 버리고 강을 건너기 시작했다. 흩어져서 강을 건너는 로마군의 행동은 한니발에게 이들을 전멸시킬 기회를 주었다. 한니발은 이들을 추격하여 대부분의 병사를 강 위에서 죽이거나 익사시켰다.

그러나 고참병으로 구성된 2만여 명의 로마 중보병은 그대로 남아 티베리우스의 지휘를 받았다. 이들은 로마군에서 가장 경험이 많고 우수한 자질을 가진 병사들이었다. 이들의 뛰어난 능력은 포위당한 상황에서 두드러졌다. 그들은 재빨리 뒤로 돌아 원을 형성했다. 그 결과 로마 보병은 모두 바깥을 향했고 빙 둘러싼 원형으로 포진했다. 그리고 그 가운데 공간에 서서 티베리우스가 군을 지휘했다. 이 진형으로 로마군은 사방에서 공격해 들어오는 카르타고군에 맹렬히 맞섰다. 이렇게 되자 카르타고군은 이들을 공격하기보다는 강을 건너고 있는 로마군을 향해 공격을 집중했다.

티베리우스는 이런 상황에서도 침착하게 카르타고군의 중앙을 돌파하라고 지시했다. 로마군이 모든 전력을 중앙에 집중해 맹공을 퍼붓자 카르타고군은 곧 상당한 피해를 입게 되고 돌파에 성공한다. 그러나 뒤에 있는 로마의 동맹군이 카르타고군의 공격으로 매우 위급한 상황에 처하게 되었다. 그러나 티베리우스는 이들 동맹군을 구원하는 것을 포기했고 그는 대신 피아첸차로 향한다.

스키피오군이 카르타고군의 진지를 지날 때 공격할 기회는 있었다. 그러나 공격하기엔 날씨가 혹독했다. 아침에 내린 비는 추운 날씨 때문에 모두 눈과 얼음이 되어 있었다. 그리고 한니발군 역시 한 마리를 제외한 모든 코끼리가 죽었으며 많은 부상병과 전사자가 발생한 상태였다. 따라서 한니발은 더 이상의 군사행동을 할 수가 없었다.

티베리우스는 세 가지의 큰 실수를 했다. 첫째는 기병이 매우 부족한 상태에서 한니발과 평원에서 정면으로 대결한 것이었다. 그는 고르지 못한 땅, 숲 등의 여러 가지 지형을 전혀 사용하지 않았다. 두 번째 실수는 싸우기 전 지형의 상태를 전혀 조사하지 않았다는 것이다. 그로 인해 그는 추운 겨울날 아침에 강을 건넜고, 마고의 복병에 그대로 당한다. 세 번째 실수는 자신의 병사를 식사도 안 한 상태로 차가운 강에 그대로 내몬 것이다. 그 결과 병사들은 평소보다 전투력이 훨씬 손상된 상태에서 싸워야 했다.

트라시메누스 전투로 이탈리아 중부를 장악하다

트라시메누스(Trasimenus) 전투는 기원전 217년 4월 이탈리아의 트라시메누스 호수 부근에서 한니발의 군대가 로마군을 매복 섬멸시킨 전투이다. 로마군은 한니발의 완벽한 매복에 이은 공격으로 괴멸당했다. 이 전투로 한니발은 중부 이탈리아를 장악한다.

기원전 217년 한니발은 이탈리아 중부로 싸움터를 옮기기로 결정한다. 이때 중부로 남하하는 2개의 통로를 새로 선출된 집정관인 그나이우스 세르빌리우스 게미누스(Gnaeus Servilius Geminus)와 가이우스 플라미니우스(Gaius Flaminius)가 봉쇄하고 있었다. 세르빌리우스는 해안을 경유하는 접근로인 리미니(Rimini: 이탈리아 중부의 에밀리아로마냐 주에 있는 도시)에서, 플라미니우스는 아레초(Arezzo)에서 한니발을 기다리고 있었다. 셈프로니우스가 트레비아 전투에서 한니발에게 참패하고 난 후 집정관으로 가이우스 플라미니우스와 세르빌리우스가 선출되었다. 이들은 각각 티베리우스와 스키피오 아프리카누스의 아버지 푸블리우스 코르넬리우스 스키피오의 군단을 이어받았다.

한니발은 이번에도 로마군이 예상치 못한 행군로를 택했다. 아펜니노(Appennino) 산맥을 직선 코스로 넘은 것이다. 이미 넘어본 알프스에 비하면 식은 죽 먹기였다. 그러나 위험은 산을 넘은 다음이었다. 마침 홍수 뒤에 침수된 지역을 통과해야 했다. 이 늪지대는 수백 킬로미터에 걸쳐 무릎까지 차는 물이 고여 있어서 병사들이 숙영하는 것은 불가능했다. 한니발은 이 늪지대를 3일 밤낮 쉬지 않고 행군했다. 이런 혹사로 인해 많은 병사가 목숨을 잃는다. 또한 행군 도중 한니발 역시 눈병에 걸려 한쪽 눈을 잃는다. 천신만고 끝에 늪지대를 통과하고, 빠르게 행군하여 에트루리아(Etruria: 현재의 이탈리아 토스카나 지방)의 도시들을 휩쓸고 지나갔다. 이것은

에트루리아가 로마에 반기를 들게 하려는 의도였으나 한니
발의 의도대로 되지 않았다.

한편 플라미니우스는 한니발이 에트루리아를 유린하는
것을 지켜봤지만, 단독으로 공격하지는 않았다. 리미니에 있
는 세르빌리우스에게 남하할 것을 요청했다. 두 집정관은 합
류하여 한니발을 협공하려는 계획을 생각하고 있었다. 그러
나 한니발은 두 군대가 그대로 만나게 두지 않았다. 한니발은
트라시메누스 호수에서 세르빌리우스와 합류하기 위해 남하
하는 플라미니우스보다 먼저 도착하여 매복한다. 철저하게
은폐 수단을 강구하고, 호수 북쪽의 숲속에서 세르빌리우스
군이 오기를 기다리고 있었다.

한니발의 매복을 전혀 모르는 플라미니우스군은 호수 어
귀에 도착하여 야영한다. 그리고 다음 날 아침 시정이 10미
터도 안되는 자욱한 안개 속에서 행군을 시작했다. 한니발군
이 숲속에 매복한 것을 전혀 알아차리지 못한 상태에서 안
개 긴 좁은 호수 길을 진군했다. 이윽고 한니발군은 양쪽의
로마군 행군로를 봉쇄하고 매복에서 뛰어나와 무차별 포위
공격을 감행했다. 전투라기보다는 일종의 살육에 가까웠다.
이 전투에서 로마군은 카르타고군의 칼에 죽거나 호수에 빠
져 익사하고 말았다. 6,000명의 전위부대는 포위를 뚫고 도
망하는 데 성공했지만 추격하는 한니발의 기병대에게 모두

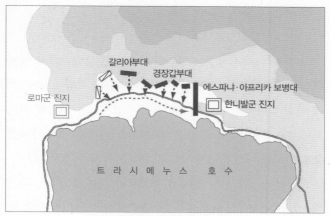

트라시메누스 호수 전투 상황도

붙잡히고 말았다. 약 2만 5,000명의 로마 병력 중 살아서 로마로 돌아간 것은 2,000명에 불과했다. 집정관 가이우스 플라미니우스도 이 전투에서 전사했다.

사흘 뒤 세르빌리우스가 호수에서의 학살 사건을 모르고 합류 약속 지점인 페루자(Perugia)로 파견한 기병 4,000명도 모두 죽거나 한니발에게 포로로 잡혔다. 이 전투의 결과로 로마는 이탈리아 중부 토스카나 지방을 한니발에게 내주었다. 이제 로마는 한니발을 이길 수가 없을 것 같았지만 끝까지 버티기로 한다. 원로원은 퀸투스 파비우스 막시무스(Quintus Fabius Maximus: 기원전 275~기원전 203)를 독재관(외침 등 국가 비상사태를 수습하기 위해 모든 권한을 갖는 임시직)에 임명한다.

역사적인 섬멸전, 칸나에 전투

칸나에(Cannae) 전투는 기원전 216년 8월 2일 제2차 포에
니전쟁 중 이탈리아 동남부의 풀리아(Puglia) 지방에 있던 고
대 마을 칸나에 부근에서 로마군과 카르타고군 사이에 벌어
졌다. 이 전투에서 로마군은 아프리카, 갈리아, 에스파냐인
으로 이뤄진 다민족 용병을 이끈 한니발에게 참패당한다.

기원전 216년 로마 집정관 루키우스 아이밀리우스 파울
루스(Lucius Aemilius Paullus)와 가이우스 테렌티우스 바로(Gaius
Terentius Varro)는 약 8만 명 이상의 병력을 이끌고 칸나에
로 진군한다. 로마는 독재관으로 임명했던 막시무스를 해임
하고 논쟁 끝에 지연전을 주장하는 측의 대표인 아이밀리우
스와 즉각적인 결전을 주장하는 측의 대표인 바로를 집정관
으로 선출했다. 이들이 교대로 군을 지휘하기로 했다. 이때
카르타고군은 약 4만 명의 보병과 1만 명의 기병대를 거느
리고 있었다.

로마군은 서남방을 바라보고 오른쪽으로 아우피두스
(Aufidus) 강을 따라 후방으로 바다에서 5킬로미터 정도 떨어
진 곳에 포진했다. 그들은 약 7,200명가량의 기병대를 양쪽
날개에 배치했다. 이례적으로 보병을 종심(縱深) 깊게 세로
로 대형을 편성했다. 이것은 중앙에 중보병을 밀집시켜 적군

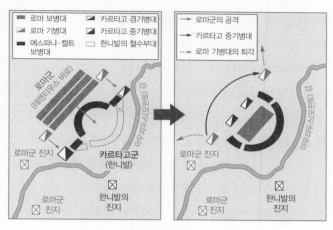

범례 (왼쪽 지도):
- 로마 보병대
- 로마 기병대
- 에스파냐·켈트 보병대
- 카르타고 경기병대
- 카르타고 중기병대
- 한니발의 철수부대

범례 (오른쪽 지도):
- 로마군의 공격
- 카르타고 중기병대
- 로마 기병대의 퇴각

로마군 바로 (테렌티우스 바로)

카르타고군 (한니발)

로마군 진지

한니발의 진지

아우피두스(오판토) 강

의 중앙을 힘으로 밀어붙여 파괴할 생각을 보여준 것이었다.

한니발은 이에 맞서서 신축성 있는 대형을 갖추었다. 그는 갈리아와 에스파냐 보병을 중앙에 놓고 리비아 보병부대를 둘로 나누어 그 양옆에 배치했다. 한편 1만여 명의 기병은 전처럼 양 날개에 포진시켰다.

기원전 216년 8월 2일 두 집정관이 교대로 총지휘를 맡는 것이 규칙인 로마군에서는 바로가 총지휘를 맡는 날이었다. 2개월 이상의 대치 끝에 전투가 개시되었다. 먼저 로마군 보병이 한니발의 중앙군을 강하게 밀어붙였다. 승패는 한니발의 부대가 버티느냐 못 버티느냐에 달려 있었다. 한니발의 부대는 뒤로 물러나기는 했으나 흩어지지 않았다. 따라서 로마군의 중앙부가 초승달 형태의 카르타고 진영에 끌려들어가는 형국이 되었다.

한니발의 초승달 대형은 점차 원으로 바뀌었으며, 밀고 들어오는 로마군을 옆으로 지나가게 한 아프리카부대가 안쪽으로 방향을 틀어 그들을 공격하고, 카르타고 기병대가 배후를 타격했다. 로마군은 좌우, 후방에서의 공격으로 빽빽하게 밀리게 되었다. 그 바람에 무적의 로마군 중보병은 무기를 제대로 쓸 수 없게 되었다. 로마군은 포위된 채 도륙당하게 되었다.

당시 로마군은 전형적인 보병 위주의 편성이었다. 이는 그들의 군사 체계에 따라 불가피한 것이기도 했다. 하지만 이 점이 한니발이 운용한 카르타고군과 결정적으로 달랐다. 로마군은 보병이 7만 5,000명, 기병은 7,000명 정도로 보병과 기병의 비율이 10:1이었다. 기병은 척후나 추격 정도에만 운용하는 수준이었다.

한니발의 카르타고군은 이와는 달랐다. 보병 4만 명에 기병 1만 명 정도, 비율은 4:1로 로마군이 중보병에 승부를 걸었다면, 한니발은 기병에 승부를 걸었다. 총병력, 특히 보병은 수적으로 로마군에 열세였지만, 기병은 상대적으로 우위를 점하고 있었다. 게다가 한니발을 따르는 누미디아 기병은 당시 최고의 기마술을 자랑했다. 머릿수로나 기술로나 기병만큼은 로마군을 압도한 것이었다.

또한 한니발은 리비아 보병을 예비대로 운용했다. 강력한 로마군이 중앙의 갈리아 보병을 압도하며 진형 깊숙이 진격해오자 예비대를 이용, 로마군의 양옆을 압박했다.

그리고 한니발은 전투 전부터 밀집대형을 취한 로마군과 달리 초승달 형태의 포위 진형을 취하고 있었다. 전투 초반엔 강력한 로마의 중보병에 갈리아 경보병이 뒤로 밀리기 시작했다. 로마군을 포위망 깊숙이 끌어들이기 위한 한니발의 의도된 전략이었다. 그렇다고 해서 그가 갈리아 보병을 희생양으로 삼은 것만은 아니었다. 갈리아 보병들 사이사이에 정예군인 이베리아 용병을 배치시켜 완전히 돌파당하지 않도록 했기 때문이다.

로마군 중보병은 카르타고군의 포위망 속으로 끌려들어왔고, 각개전투로 로마군의 기병을 격파한 카르타고군 기병이 로마군 보병대의 배후를 압박함으로써 원형 포위가 완성되었다. 로마군의 사망자는 4만 6,000명, 포로로 잡힌 병사는 2만 2,000명에 이르렀다. 이에 비해 카르타고군은 약 6,000명의 병력을 잃었다. 칸나에 전투는 지금까지도 전쟁사가들이 포위 섬멸전의 교본으로 손꼽을 만큼 엄청난 전투였다.

한니발의 카르타고군이 수적 열세에도 불구하고 로마군에게서 승리를 쟁취할 수 있었던 요인은 무엇일까? 단지 로마군을 이끈 바로가 무능력했기 때문이었을까? 물론 로마군의 대형이 밀집된 형태라 기동성이 떨어지긴 했다. 그러나 로마군을 포위망 깊숙이 유도하고 체력 소모를 이끌어낸 한니발의 전술이 없었다면 카르타고군은 승리하지 못했을 것이다.

칸나에 전투의 승리 이후, 한니발은 로마를 제외한 전 이탈리아 반도를 휘젓고 돌아다닌다. 본국의 지원이 끊긴 동안에도 한니발은 공격적으로 전쟁을 수행하여 로마를 괴롭혔다. 이 여파로 이탈리아 중부의 대도시 카푸아(Capua)가 로마를 배신하고 한니발에게 투항한다. 그러자 로마에서 이탈하려는 움직임이 많은 도시에서 이어졌다. 남부 이탈리아의 항구 도시 타렌툼(Tarentum), 시칠리아의 시라쿠사(Siracusa)는 한니발의 도움을 받아 로마군을 쫓아낸다. 그 결과 로마는 중부 이탈리아의 일부와 남부 이탈리아의 대부분, 북부 이탈리아의 전부를 잃게 된다.

떠오르는 별 스키피오에게 패하다

    한니발의 놀라운 활약에도 불구하고 제2차 포에니전쟁은 스키피오 아프리카누스(Publius Cornelius Scipio Africanus: 기원전 235~기원전 183)의 등장으로 끝이 나게 된다. '아프리카누스'라는 이름은 한니발을 물리친 자마(Zama: 카르타고 남서부 지역으로 현재의 튀니지 중부에 위치) 전투 이후에 붙여진 칭호이다. 사실 그의 아버지(트레비아 전투에서 한니발에게 패배한 푸블리우스 스키피오)와 양자(養子) 모두 같은 이름을 사용했기 때문에 구별이 쉽지 않다.

자마 전투, 로비알레 스파뇰로(Roviale Spagnolo), 1580~1582년 프레스코 작품

자마 전투에서 스키피오는 한니발이 지금껏 로마군에게 보여줬던 전술을 역으로 한니발에게 펼쳐 승리를 이끌어낸다. 한니발이 많은 승리를 거두긴 했지만, 로마 공화정은 여전히 카르타고와 전쟁하고자 하는 의지가 강했고, 전쟁에 쓸 수 있는 인적 자원도 풍부한 상태였다. 게다가 한니발 이외의 다른 카르타고 장군들은 궤멸적인 패배를 거듭하여 한니발이 쓸 수 있는 인적 자원을 고갈시켰다.

한니발을 제외하고 나면, 카르타고에는 로마 장군들에 맞먹는 지휘관이 없었다. 한니발은 칸나에 전투 이후에도 이탈리아 중부에서 연승을 거듭하여 로마의 6개 군단을 불과 며칠 사이에 쓸어버리는 등의 활약을 했으나, 그동안 로마군은 카푸아를 겹겹이 포위한다. 한니발은 카푸아의 포위를 풀기 위해 주력부대로 포위망의 한쪽을 급습하나 로마군은 이 공격을 물리친다. 이 포위를 풀고자 한니발은 생애 최초이자 마지막으로 로마를 직접 공격해보지만, 로마군은 카푸아의 포위를 풀지 않았고 로마의 성벽은 상당히 견고했다. 결국 한니발은 카푸아를 잃고 얼마 안 있어 시칠리아의 시라쿠사도 로마군에 의해 함락된다.

이탈리아 남부의 가장 강력한 도시인 타렌툼마저 친로마 성향의 지도자들이 반란을 일으켜 로마 편에 선다. 게다가 에스파냐에서는 스키피오가 한니발의 두 동생 하스드루발과 마고를 완전히 격파하고, 카르타고 세력을 내몰았다.

하스드루발은 이탈리아에 있는 한니발과 합류하기 위해 남은 병력을 모두 데리고 알프스를 넘어 북이탈리아에 진입하나, 미리 대기하고 있었던 로마군에 의해 궤멸당하고 하스드루발도 목숨을 잃는다. 전황은 점점 불리해져갔고, 그동안 협력적이었던 많은 도시도 한니발을 떠났다. 한니발은 이탈리아 반도 끄트머리의 칼라브리아(Calabria)로 쫓겨났다.

기원전 204년, 31세에 불과한 젊은 총사령관 스키피오가 카르타고의 기반인 아프리카를 침략하자 결국 기원전 203년 본국으로 돌아왔다. 카르타고에 돌아왔지만 어느새 한니발의 전략을 더욱 우수하게 습득한 로마의 젊은 장군 스키피오와 자마에서 싸워 완패했다. 이 전투로 인해 제2차 포에니 전쟁은 끝을 맞으며, 카르타고는 로마에게 지중해 세계의 패권을 넘겨주게 된다.

왜 한니발인가?

정보 우세를 달성했다

한니발은 로마군의 움직임을 24시간 감시했다. 이를 바탕으로 로마군의 행동을 예측하고, 예측하지 못한 방법으로 로마군의 허점을 공격했다.

기병을 집중 운용했다

한니발 기병의 주력은 누미디아 기병이었다. 한니발은 기
병을 이용하여 측방과 후방에서 로마군을 타격했다. 측후방
공격은 적의 심리를 크게 무너뜨린다. 로마군이 보병으로 정
면 승부를 하는 대신에 카르타고군은 기병을 적극적으로 활
용해 로마군의 배후를 타격했다. 정면 공격은 저항 심리를
일으키지만, 급작스런 측후방 공격은 공포를 불러일으키고
저항 의지를 상실시킨다. 한니발 전술의 핵심은 기병의 심리
적 타격 효과에 있었다.

전술을 역동적으로 적용했다

한니발은 클라우제비츠(Carl von Clausewitz: 독일의 군인·군
사 평론가, 1780~1831)가 말한 군사안(coup d'oeil: 전황을 짧은 시
간 안에 파악하는 통찰력)을 소유했다. 손자(孫子: 중국 춘추 시대의
병법가)가 말한 전승불복(戰勝不復)을 알고 상황에 맞는 전술
을 운용할 줄 알았다. 로마군은 트레비아, 트라시메네, 칸나
에 전투에서 그의 전략을 가늠할 수조차 없었다. 이것은 그
의 천재성과 용기에서 오는 것이었다. 그는 전술의 달인, 전
략의 아버지였다.

병사들과 동고동락했다

17년의 원정 기간 동안 그는 항상 병사들과 같이 행동했다. 과장하지 않고 신중한 행동을 통해 병사들과 마음으로 소통하는 힘을 가졌다. 대부분이 용병이었던 한니발의 병사들이 오랜 시간 그를 떠나지 않은 것은 명장이 보여주는 그 무언가가 있었기 때문이다. 그것의 정체는 확실히 말할 수 없으나 아마도 병사들과 교감하는 에너지가 아니었을까.

전쟁의 신 나폴레옹

오늘날까지도 전쟁 철학의 교본으로 이용되고 있는 『전쟁론(Vom Kriege: 1832)』을 집필한 프로이센의 장군이자 군사 평론가 클라우제비츠는 나폴레옹 보나파르트(Napoleon Bonaparte: 프랑스의 군인·황제, 재위 1804~1815)를 '전쟁의 신'이라 평가했다.

프랑스 혁명(1792~1802)이 일어나자 왕정에 반대하는 혁명 분위기가 확산될 것을 우려한 프로이센과 오스트리아 등 주변국들은 프랑스와 전쟁을 벌인다. 나폴레옹은 병사의 대부분이 전투 훈련이 턱없이 부족한 농민으로 구성된 국민군을 이끌고 전쟁에 나서서 승리를 거둔다. 나폴레옹은 양 떼를 지휘한 사자와도 같았다. 나폴레옹의 군사적인 승리는 점의 군대에서 선의 군대로 변화하는 시기를 정확히 포착하고 이용하는 데 있었다. 화약의 출현과 소총의 등장, 포병의 대중화는 전투 대형을 변화시켰다.

알프스를 넘는 나폴레옹, 자크 루이 다비드(Jacques Louis David), 19세기 유화 작품

독서로 보낸 유년 시절

　프랑스의 자랑 나폴레옹은 1769년 8월 15일, 지중해 코르시카 섬의 중심 도시 아작시오(Ajaccio)에서 5남 3녀 중 둘째로 태어났다. 이탈리아 토스카나 출신의 귀족 부오나파르테(Buonaparte) 가문 출신으로, 그의 아버지는 변호사이자 소지주였다.

　나폴레옹이 태어나기 바로 1년 전 제노바는 코르시카를 프랑스에 할양했다. 부오나파르테 가(家)는 프랑스의 코르시카 점령에 항의하며 파스콸레 파올리(Pasquale Paoli)가 이끄는 코르시카 독립 운동에 참여했다. 그러나 파올리와 알력이 생겨 프랑스 측으로 전향하고, 1792년 파리로 이주하여 가문의 명칭을 프랑스식인 보나파르트로 바꾸고 귀족 자격을 얻었다.

　유년기의 나폴레옹은 속을 알 수 없는 어린아이였다. 과묵한 성격으로 하루 종일 책을 읽곤 했다. 특히 그는 플루타르코스(Plutarchos: 고대 로마의 철학자, 46~120)의 영웅전을 즐겨 읽었다. 그의 마음속에 로마의 영광이 강렬하게 자리 잡은 시기였다.

　1779년 아버지를 따라 프랑스로 건너가 브리엔느(Brienne) 유년 사관학교에 입학하여 5년간 기숙사에서 생활했다. 강한 코르시카 억양으로 놀림받던 나폴레옹은 친구들과 어울리지 못하고 혼자 역사책을 읽곤 했다.

1784년 파리 육군사관학교에 입학한 나폴레옹은 다른 학생들이 대개 4년 동안 걸리는 과정을 불과 11개월 만에 모두 수료하고 졸업한다. 졸업 시험 성적은 58명 중 42위이긴 했지만, 수학 성적이 특히 뛰어났다. 그는 파리 육군사관학교를 졸업한 최초의 코르시카 사람이기도 했다.

툴롱 포격전으로 25세에 장군이 되다

1785년 16세에 포병 소위로 임관한 나폴레옹의 첫 부임지는 발랑스(Valence)에 주둔한 라페르(La Fère)연대였다. 아버지가 1785년 39세의 나이로 위암에 걸려 사망하자 장기 휴가를 얻어 군무에서 이탈한다. 1789년에는 프랑스 혁명 때 코르시카로 귀향하여 15개월간 머물렀다. 이때 코르시카의 독립 운동을 주도하던 파올리 아래서 코르시카 국민군 중령이 되어 부사령관에 취임한다. 나폴레옹은 프랑스군과 코르시카군 양측의 군적을 유지했다. 프랑스군은 잦은 군무 이탈과 이중 군적 유지를 이유로 휴직을 명했다. 하지만 1792년 영국을 지지하는 파올리와 불화가 일어나 일가족과 함께 마르세유로 도피에 가까운 이주를 했다.

1793년 가을 나폴레옹은 툴롱(Toulon) 항구에서 프랑스군 대위로 근무하고 있었다. 이때 그는 역사의 무대에 전면으로 나설 기회를 포착했다. 툴롱 항구 공성전에서 왕당파 반란군을 진압하는 무훈을 세워 25세에 대위에서 준장으로 순식간에 승진한 것이다. 나폴레옹은 포병을 집중 운용하여 영국군의 지원 아래에 왕당파가 점령하고 있는 툴롱 항구를 탈환했다. 나폴레옹은 60개 포대 240여 문의 포병을 집중적으로 운용하여 결정적인 승리를 거뒀다. 그 뒤 포병의 집중 운용은 나폴레옹의 핵심 전술 중 하나가 되었다.

1795년 10월 5일, 파리 왕당파의 폭동(방데미에르 13일 쿠데타)으로 국민공회(Convention nationale: 혁명 말기 프랑스를 통치한 의회, 1792~1795)가 위기에 처하자, 당시 프랑스 총재정부의 실권자였던 폴 바라스(Paul Barras)의 구원 요청을 받는다. 나폴레옹은 파리 시가지에서 대포로 포도탄(작은 금속 구슬들이 뭉쳐 있는 모습이 포도를 연상시키는 산탄의 일종)을 발사하여 폭동을 신속히 진압한다. 이 전투로 바라스의 눈에 띈 나폴레옹은 그해 소장으로 승진했고, 이듬해 총재정부에 의해 이탈리아 원정군 사령관으로 임명된다. 이때 나폴레옹의 나이는 27세에 불과했다.

혁명 수호의 영웅이 되다

1793년 루이 16세가 국외로 탈출을 시도하다 체포되어 처형당했다. 이에 주변 국가들은 혁명의 확산을 우려했고, 곧 제1차 대프랑스동맹(1793~1797)을 결성하게 된다. 동맹에 참가한 국가는 영국, 오스트리아, 사르데냐, 나폴리, 프로이센, 에스파냐 왕국 등이었다.

이탈리아 침공에서 나폴레옹은 군사적인 천재의 면모를 유감없이 발휘했다. 오합지졸에 가까웠던 프랑스군은 나폴레옹이라는 '전쟁의 신'의 지휘로 오스트리아군과의 전투에서 연전연승한다. 전승의 소식은 파리에 시시각각으로 전파되었다. 그는 점점 프랑스 혁명을 수호하는 구국의 영웅이 되어갔다. 1796년 5월 밀라노(Milano)에 입성한 나폴레옹은 1797년 2월에는 만토바(Mantova)를 점령하는 등 이탈리아 내에 있는 오스트리아군을 완전히 격파했다.

1797년 3월 나폴레옹은 26일간 중단 없이 모든 병력을 집중하여 빈(Wien) 추격작전을 감행했다. 이 작전의 궁극적인 목적은 오스트리아군의 주력을 격멸하는 것이었다. 이윽고 4월이 되자 오스트리아군은 휴전을 제의한다. 10월 프랑스와 오스트리아는 캄포포르미오(Campoformio) 조약을 체결했고, 오직 영국만 저항 세력으로 남게 되었다.

제2차 대프랑스동맹과 쿠데타 집권

1798년 나폴레옹의 이집트 원정으로 유럽 각국은 프랑스의 세력 확장을 우려했고, 영국의 주도로 제2차 대프랑스동맹이 맺어진다. 동맹에 참가한 국가는 영국, 러시아, 오스트리아, 터키, 포르투갈, 시칠리아 등이었다.

5명의 총재가 통치하고 있던 프랑스 혁명정부는 혼란에 빠졌다. 총재 중의 한 사람이었던 군사 전문가 라자레 카르노(Lazare Carnot)는 1797년의 쿠데타로 인해 스위스로 망명했고, 나폴레옹은 이집트 원정을 떠난 상태였기 때문이다. 주변 상황을 면밀히 파악하고 있던 나폴레옹은 계획했던 인도 원정을 취소했다. 1798년 8월 프랑스 해군이 이집트 북부 아부키르(Aboukir) 만에서 호레이쇼 넬슨(Horatio Nelson)의 영국 함대에 패하는 바람에 나폴레옹은 본국과의 연락이 끊겼다. 혁명정부가 흔들렸다.

나폴레옹은 불안한 총재정부를 뒤엎고자 하는 시에예스(Emmanuel Joseph Sieyès)의 쿠데타 모의에 가담하기로 한다. 넬슨에 의해 퇴로가 끊겼던 이집트에서 탈출한 나폴레옹은 가까스로 1799년 10월 16일 파리에 도착한다. 이후 계획은 착실히 진행되어 나폴레옹은 11월 9일(브뤼메르 18일) 시에예스의 도움으로 파리군 총사령관에 임명된다. 같은 날 그는 동생인 오백인회 의장 뤼시앵(Lucien Bonaparte)과 시에예스, 탈레랑(Charles-Maurice de Talleyrand)의 도움으로 의사당에서 위기 타개를 위한 개헌을 요청하는 연설을 했다. 그러나 의원들의 저항으로 거부당했고, 나폴레옹은 결국 군대를 동원하여 쿠데타를 일으켰다.

반대하는 의원들이 나폴레옹을 저지하려 했으나 그는 이미 그가 장악한 군대와 30여 명의 테르미도르(Thermidor)파 의원들의 지지로 오백인회를 해산시켰다. 이어서 총재정부의 헌법을 폐기하고 3명의 통령을 두는 새 헌법을 만들어 국민투표에 부쳤다. 나폴레옹은 개인적인 인기를 등에 업고 프랑스 원로원으로부터 10년 임기의 제1통령으로 임명되어 불과 30세의 나이에 프랑스 정권을 손아귀에 넣었다.

통령정부는 3명의 통령으로 이루어졌으나 제2통령과 제3통령은 명예직에 가까웠고, 실질적인 권력은 제1통령인 나폴레옹에게 모아졌다. 제2통령은 법무, 제3통령은 재정을 책임지는 반면, 내정과 외교, 군사 등을 책임지는 제1통령은 다른 통령에 비해 훨씬 막강한 권한을 갖고 있었다.

프랑스 정권을 장악한 나폴레옹은 연합국에 강화를 제의하지만 거절당한다. 이에 나폴레옹은 알프스를 직접 넘어 이탈리아 북부로 진격하려 했다. 고대 로마를 괴롭혔던 명장 한니발 이후 대규모의 군사가 알프스를 넘었던 적이 없었다. 나폴레옹의 부관들은 불가능한 일이라며 그를 극구 만류했지만 "내 사전에 불가능이란 말은 없다"라는 유명한 말을 외쳤다. 결국 험준한 알프스를 넘은 나폴레옹의 프랑스군은 1800년 6월 마렝고(Marengo: 현재 이탈리아 북부 알레산드리아 인근) 전투에서 오스트리아를 굴복시켰다.

이듬해 2월 오스트리아는 프랑스와 뤼네빌(Lunéville) 조약을 맺어 라인 강의 절반을 프랑스에 할양했고, 북이탈리아 등의 지역을 프랑스의 보호 아래 두도록 했다. 이 강화로 제2차 대프랑스동맹은 붕괴되었고, 동맹을 주도했던 영국만이 남게 되었다. 이후 프랑스와 영국이 1802년 3월 아미앵(Amiens) 조약을 체결하며 유럽은 10년 만에 잠시 동안의 평화를 맞는다.

국민투표로 프랑스의 황제가 되다

나폴레옹은 안으로는 나폴레옹 법전 편찬 등 강력한 내정 개혁을 실시하였고, 외적으로는 식민지 건설 등 프랑스 세력을 확대시킨 결과, 국민적인 지지를 한 몸에 받게 되었다. 임기 10년짜리 통령이었던 그는 국민투표를 통해 1802년 2월 종신 통령이 된다. 그리고 얼마 지나지 않아 나폴레옹은 다시 국민투표를 치러 황제의 자리에 오른다.

1804년 7월의 국민투표에서 찬성 357만 2,329표와 반대 2,569표로 대다수의 국민이 그의 황제 즉위를 수락했다. 나폴레옹은 1804년 12월 2일에 마침내 즉위식을 거행하여 프랑스 제국의 초대 황제인 나폴레옹 1세가 되었다. 프랑스가 루이 16세를 처형하고 공화정으로 전환된 지 10년 만의 일

나폴레옹 1세의 대관식(일부), 자크 루이 다비드, 1808~1822년 유화 작품

이었다.

프랑스의 황제가 된 나폴레옹은 수도 파리를 세계 제일의 도시로 만들기 위해 도시 근대화 정책을 추진했다. 그는 가구(家口)의 새로운 계산법(짝수법, 홀수법)을 마련하고, 분수를 설치하고 묘지를 정리했으며, 광장과 회관, 시장, 강변 구역과 제방 및 공공시설과 기념비적 건축물들을 정비했다. 또 높은 지위의 사람들과 위인들의 동상이 거리 곳곳에 세워졌고, 교량이 건설되었다.

아우스터리츠에서 제3차 대프랑스동맹을 격파하다

나폴레옹이 황제로 즉위한 뒤 영국은 아미앵 조약을 파기했다. 영국과 프랑스는 다시 전쟁에 돌입했다. 영국은 오스트리아와 러시아 등을 끌어들여 제3차 대프랑스동맹을 결성한다. 1805년, 나폴레옹은 숙적 영국 상륙을 위해 도버 해협 인근의 항구도시 불로뉴(Boulogne)에 대군을 집결시켰다. 그러나 프랑스 해군이 1805년 10월 트라팔가르(Trafalgar)해전에서 넬슨이 이끈 영국 해군에게 완패당해 이 작전은 완전히 폐기된다.

나폴레옹은 공격 방향을 대륙으로 돌려 본격적인 정벌에

나선다. 소위 '나폴레옹전쟁'을 시작한 것이다. 프로이센은 제3차 대프랑스동맹에 참여하지 않고 중립적인 입장을 표명했다. 프로이센이 영국과 오스트리아와의 외교 관계를 계속 유지했기 때문에 나폴레옹은 영국으로부터 빼앗은 하노버를 프로이센에게 양도하겠다고 약속했다.

프랑스군이 불로뉴에 집결한 틈을 타 오스트리아와 러시아는 프랑스 침공을 준비했다. 이에 나폴레옹은 10월 20만 대군을 이끌고 불로뉴에서 울름(Ulm: 현재의 독일 남부 슈투트가르트 인근 지역)까지 약 800킬로미터를 40일 만에 기동했다. 당시로서는 상상할 수 없었던 엄청난 이동 속도에 오스트리아군은 완전히 허를 찔렸다. 프랑스군은 울름 전투에서 오스트리아군을 격파하고 빈까지 점령해버린다.

이어서 12월 2일 오스트리아를 구원하러 온 러시아의 알렉산드르 1세(Aleksandr I: 재위 1801~1825)의 군대와 오스트리아의 프란츠 1세(Franz I: 재위 1804~1835)의 연합군을 아우스터리츠(Austerlitz: 현재 체코 남동부 슬라프코프)에서 격파했다.

휴전을 요청한 오스트리아는 프랑스와 프레스부르크(Pressburg) 조약을 체결했고, 제3차 대프랑스동맹에서 탈퇴했다. 아우스터리츠 전투는 3명의 황제가 한 전장에 모였기 때문에 '삼제회전(三帝會戰)'이라고도 불린다. 나폴레옹은 이 전투에서의 승리를 기념하기 위해 개선문을 세우도록 명했다.

삼제회전에서의 승리로 유럽 대륙의 중앙부를 제압한 나폴레옹은 그의 형 조제프(Joseph Bonaparte)를 나폴리 국왕으로, 동생 루이(Louis Bonaparte)를 네덜란드 국왕에 각각 앉히고 라인동맹을 발족시켜 이를 보호국화함으로써 프로이센에도 강한 영향력을 행사하게 되었다. 이로써 샤를마뉴 대제부터 거의 1,000년의 역사를 이어왔던 신성로마제국은 사실상 해체되었다.

제4차 대프랑스동맹을 만든 프로이센을 격파하다

　프랑스가 유럽 대륙에서 강한 영향력을 갖게 되자 이를 불안하게 여긴 프로이센은 1806년 영국, 러시아, 스웨덴과 더불어 제4차 대프랑스동맹을 조직했다. 프로이센은 라인연방에 주둔시킨 프랑스군을 철수시킬 것을 요구했지만 이는 받아들여지지 않았고, 프로이센은 프랑스에 선전포고를 한다.

　나폴레옹은 10월 예나-아우어슈테트(Jena-Auerstedt) 전투에서 프로이센군을 격파하고 베를린에 입성했다. 프로이센 황제는 동프로이센(Ost Preussen)으로 도피했다. 이어서 1807년 나폴레옹은 폴란드로 진격했고, 같은 해 프로이센을 구원하러 온 러시아군을 아일라우(Eylau) 전투와 프리트란트

(Friedland) 전투에서 격파했다.

　나폴레옹은 러시아의 알렉산드르 1세와 틸지트 조약을 체결하여, 프로이센의 영토를 30%로 축소시킨다. 그리고 폴란드 지역들을 하나로 묶어 바르샤바 대공국을 만들었으며, 남동생 제롬(Jérôme Bonaparte)은 베스트팔렌 왕국의 왕으로 임

1806년 10월 14일 예나 전투, 오라스 베르네(Horace Vernet), 1836년 유화 작품

명했다. 두 나라는 프랑스 제국의 위성 국가가 되었다.

이베리아의 역풍을 잠재우고 최대 영토를 확보하다

이베리아 반도에서 독립 전쟁이 시작되었다. 이것은 일종의 부메랑이었다. 프랑스 혁명군이 수출한 자유주의와 민족주의가 이베리아 반도에서 역풍이 되어 돌아온 것이다. 포르투갈은 대륙봉쇄령에 불복하고 영국과 협조하여 나폴레옹에게 저항했다. 에스파냐에서도 민족주의 세력이 곳곳에서 봉기했다.

영국은 해군과 지상군의 협동작전을 통해 에스파냐에 주둔한 프랑스군을 연안에서 괴롭혔다. 에스파냐 민족주의 세력의 치고 빠지는 게릴라 전술에 프랑스군은 크게 고전한다. 영국 지상군이 절대적인 열세로 반도에서 철수했지만, 게릴라부대로부터의 공격은 더욱 가열되었다.

천신만고 끝에 에스파냐 정세를 안정시키나 그 피해는 너무 컸다. 영광뿐인 상처였다. 프랑스군은 에스파냐에 묶여 유사시 동부 전선으로 이동이 불가능하게 되었다. 이로 인해 약화된 동부 전선에 오스트리아가 도전하게 된다. 나폴레옹은 회고록에서 러시아의 비극은 에스파냐에서 잉태되었다고 술회하기도 했다.

1809년 영국은 프랑스와의 전선을 확대하기 위해 오스트리아와 제5차 대프랑스동맹을 맺는다. 오스트리아군은 프랑스군이 전선을 확장하며 약화된 동부 전선의 약점을 이용해 도나우 강 너머를 공격해 왔다. 빈 인근에서 벌어진 아스페른-애슬링(Aspern-Essling) 전투에서 오스트리아군은 프랑스군을 공격하여 승리를 거둔다.

그러나 나폴레옹은 곧 반격하여 바그람(Wagram) 전투에서 오스트리아를 굴복시키고 빈을 다시 점령한다. 1810년 그는 오스트리아의 황녀 마리 루이즈(Marie Louise)와 정략적으로 결혼하고 이듬해 1811년 나폴레옹은 최대의 정복지를 가지게 된다.

러시아 원정에 나섰다 육지의 바다에 빠지다

나폴레옹에게 있어서 무엇보다도 가장 큰 골칫거리는 역시 영국이었다. 영국은 섬나라라는 지리적 이점과 강력한 해군력을 바탕으로 프랑스의 영향에서 벗어나고 있었기 때문이다. 나폴레옹은 영국을 철저하게 굴복시키기 위해 1806년 대륙봉쇄령을 내려 유럽 대륙의 국가들과 영국의 모든 교역을 일제히 금지시켰다. 그러나 영국과의 무역으로 경제를 유지하던 러시아는 생존권에 영향을 받자 대륙봉쇄령을 어긴다. 이것은 1812년 나폴레옹이 60만 대군을 이끌고 러시아를 공격하게 될 빌미를 제공하게 되었다.

러시아군은 퇴각하면서 도시와 곡식에 불을 질러, 프랑스군이 손대지 못하게 하고 깊숙이 달아났다. 프랑스군은 쉽게 모스크바를 점령했다. 나폴레옹은 모스크바를 점령하기만 하면 러시아가 항복할 것이라고 예상했으나 러시아는 항전할 뜻을 굽히지 않았다. 러시아에서 겨울을 지낼 준비를 하지 않았던 프랑스군은 결국 퇴각하지 않을 수 없었다. 이 순간을 기다린 러시아군은 철수하는 프랑스군의 뒤를 쫓아 공격하여 궤멸시켰다. 나폴레옹군은 동장군에 쫓기어 '육지의 바다'에 침몰한 것이다.

나폴레옹의 몰락

러시아에서 프랑스의 대패를 목격한 유럽 각국은 일제히 반(反)나폴레옹의 기치를 내걸었다. 처음으로 움직인 것이 프로이센이었다. 프로이센은 주변 국가들에 호소하여 제6차 대프랑스동맹을 결성했다. 러시아 원정에서 수십만의 군사를 잃은 나폴레옹은 강제로 청년들을 징집했다.

1813년 봄, 나폴레옹은 프로이센, 오스트리아, 러시아, 스웨덴 등 동맹군과의 전투에서 승리를 거둔 후 휴전했다. 하지만 이후 진행된 메테르니히(Klemens von Metternich: 오스트리아의 정치가)와의 평화 교섭이 불발되었다. 같은 해 10월 벌어진 라이프치히(Leipzig) 전투에서 나폴레옹은 동맹군의 포위 공격으로 대패한 뒤, 프랑스로 퇴각했다.

1814년, 정세는 한층 더 악화되어 프랑스 북동쪽에서는 오스트리아의 슈바르첸베르크(Karl Philipp zu Schwarzenberg) 공과 프로이센의 블뤼허(Gebhard Leberecht von Bluecher) 장군의 연합군 25만이, 북서쪽에서는 베르나도트(Bernadotte: 훗날의 스웨덴 국왕 칼 14세) 장군의 16만이, 남쪽에서는 웰즐리(Arthur Wellesley) 장군의 10만 대군이 프랑스 국경으로 진격하여 포위망을 구축했다. 이에 비해 불과 7만의 병력을 가진 나폴레옹은 절망적인 싸움을 할 수밖에 없었다.

1814년 3월 31일, 제국의 수도 파리가 함락된다. 무조건적인 퇴위를 강요당한 나폴레옹은 1814년 4월 16일 퐁텐블로(Fontainebleau) 조약을 체결한 뒤 지중해의 작은 섬 엘바(Elba)의 영주로 추방되었다.

엘바 섬 탈출과 백일천하

절치부심한 나폴레옹은 1815년 엘바 섬을 탈출하여 복위에 성공한다. 나폴레옹이 실각한 후, 빈 회의가 열려 전후 유럽을 어떻게 재편해야 할지를 각국 정상들이 논의했지만, 각국의 이해관계가 첨예하게 얽혀 있어 회의가 좀처럼 진행되지 못했다. 게다가 프랑스 왕으로 즉위한 루이 18세의 시대착오적인 통치에 대해 민중은 점차 불만을 품기 시작했다. 나폴레옹은 이런 상황을 이용하여 재기를 도모한 것이다.

나폴레옹의 재기에 놀란 여러 국가들은 이에 대항하여 제7차 대프랑스동맹을 형성한다. 동맹에 참가한 영국, 러시아, 프로이센, 스웨덴, 오스트리아, 네델란드 등은 20만 명이 넘는 대군을 동원해 나폴레옹을 압박했다. 나폴레옹은 워털루(Waterloo) 전투에서 초반 승기를 유지하지 못하고 영국과 프로이센군의 연합 공격으로 완패하여 그의 복귀는 백일천하로 끝났다.

나폴레옹은 다시 퇴위되어 미국으로의 망명을 시도했다. 그러나 항구가 봉쇄되어 단념했고, 최종적으로 영국 군함에 투항했다. 영국 정부는 웰즐리 장군의 제안을 받아들여 나폴레옹을 남대서양의 한가운데의 섬 세인트헬레나(Saint Helena)에 유폐시켰다.

나폴레옹은 1821년 5월 5일, 오후 5시 49분 향년 56세에 세상을 떠났다. 암살되었다는 말도 있지만 그의 정식 사인은 위암이라고 발표되었다. 그 유해는 1840년 5월에 영국의 동의를 얻어 프랑스에 반환되었으며, 현재 파리의 앵발리드(Invalides)에 안치되어 있다.

나폴레옹의 전략과 전술

프랑스 인권선언

프랑스 혁명 결과 채택된 '프랑스 인권선언(인간과 시민의 권리 선언)'은 모든 인간은 자유롭고 평등하며 존엄한 존재로 살아갈 천부적인 권리가 있다는 의미를 담고 있다. 프랑스 인권선언은 나폴레옹전쟁을 이끌어 나가는 원동력이었다. 이것은 혁명, 반혁명의 와중에 역설적으로 혁명을 지키기 위해 선출 황제로 등극한 나폴레옹의 전쟁 명분이자 정치적인 목적이었다.

현대군의 모태가 된 군제 개혁

나폴레옹은 최초로 국민 모두에게 병역 의미를 지우는 국민개병주의에 입각하여 징병제를 도입했다. 프랑스를 사방으로 에워싸고 있는 반혁명세력은 수적으로 압도적이어서 전 국민을 동원하지 않을 수 없었다. 프랑스 인권선언으로 대변되는 혁명의 대의는 국민의 자발적인 참여를 이끌어냈다. 이제 전쟁은 왕의 전쟁이 아니라 국민의 전쟁, 권리를 지켜내기 위한 전쟁이 된 것이다.

이와 병행하여 현지 보급으로 보급 체제를 전환했다. 즉 징발 개념으로 보급 문제를 현지에서 해결할 수 있도록 한 것이다. 그 결과 각개 병사의 보급품 휴대량이 16%로 감소하여 기동성이 획기적으로 증가되었다.

군제 개혁의 핵심은 사단(師團) 편성이었다. 나폴레옹은 보병, 기병, 포병이 포함된 제병협동(諸兵協同)의 단위부대인 사단을 편성하여 부대를 보다 역동적으로 운용할 수 있도록 했다. 나폴레옹군은 이를 통해 타의 추종을 불허하는 기동력을 발휘했다. 또한 국민적인 열정으로 뭉친 국민군을 자유자재로 분산 혹은 집중시켜 운용할 수 있었다.

도보기동을 이용한 전격적 기동

나폴레옹을 대표하는 전략 전술은 기동성 확보를 위해 나누어 진격하다가 적이 포착되면 한꺼번에 공격하는 분진합격(分進合擊)에 있었다. 나폴레옹은 20만 대군을 이끌고 800킬로미터의 거리를 불과 40일 만에 이동시켜 울름 전투에서 승리를 거둔 바 있다. 당시 다른 국가들의 군대에 비해 훨씬 빠른 도보 기동 속도는 현대전의 작전 속도와 비교해도 손색이 없을 정도다.

연속적인 돌파 후 각개 격파

나폴레옹은 전투에서 우세한 적을 3단계로 나누어 각개 격파하는 방식을 이용했다. 1단계에서는 적 정면에 적보다 두세 배 더 넓게 병력을 전개하여 적이 예비부대를 사용하도록 유도했다. 2단계에서는 측방으로 기동하며 포위를 시

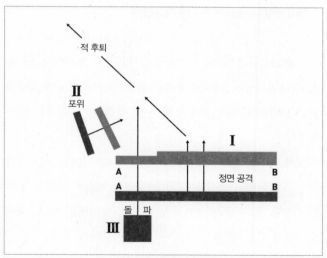

나폴레옹의 핵심 전술 3단계

도했다. 이에 적이 대응하여 대형을 전환하면 3단계로 돌입해 약화된 적의 정면을 돌파했다. 돌파 후에는 약한 적을 포위하여 격멸하고, 잔존한 적에 대해 같은 방식을 반복적으로 적용했다.

나폴레옹은 앞에서 설명한 방식으로 군을 개혁한 결과 당시 유럽의 어느 국가의 군대보다 두세 배 빠른 기동력을 발휘할 수 있었다. 그 결과 집중과 분산, 전투와 전투의 연속, 오늘날 말하는 작전적 차원의 기동이 가능했던 것이다.

현대 전쟁의 효시가 된 나폴레옹전쟁

나폴레옹전쟁은 현대 전쟁의 근원이고, 효시라고 할 수 있다. 나폴레옹전쟁은 세 가지로 현대적 군대 형성에 지대한 영향을 미쳤다. 민주주의 혁명, 산업 혁명, 경영 혁명이 바로 그것이다.

첫째, '자유, 평등, 박애'라는 구호 아래 일어난 프랑스의 민주주의 혁명은 전쟁을 왕의 전쟁에서 국민의 전쟁으로 전환시켰다. 그 결과 징병제를 탄생시켰고, 국민군 시대, 대량군 시대를 출현시켰다.

나폴레옹전쟁이 시작되기 전 용병 시대 프랑스군의 규모

는 4만여 명에 불과했다. 이들은 전적으로 왕을 위해 봉사하는 군대였다. 전쟁은 왕의 소관이었고, 국민과는 별개의 문제였다. 그러나 프랑스 혁명 결과 왕권이 무너지고 그 자리를 국민의 권리가 대신 차지하게 되자 전쟁은 자연스럽게 국민의 전쟁으로 전환되었다. 전쟁이 민주화되면서 전쟁의 명분과 책임이 국민 모두에게로 전환된 것이다. 이에 따라 징병제가 도입되었고, 국민개병주의가 등장하게 되어, 병역이 당연한 국민의 기본적인 의무가 되었다.

나폴레옹은 징병제를 선포했다. 총을 들 수 있는 모든 남자들은 군에 징집되었다. 그 결과 프랑스는 러시아 정복 전쟁시 50만이 규모를 넘는 군대를 보유하게 된다. 여기에다 현지 조달 개념으로 군수품의 휴대를 최소화하여 군대의 기동성을 대폭적으로 향상시켰다. 그리스-로마 이래 전통적으로 평지에서 서로 맞붙는 '대형'을 파괴하고 지형지물을 이용해 '산개'시킬 수 있었다. 군의 산개는 지형의 이용을 가능하게 했고 전장 통제력을 획기적으로 향상시키는 역할을 했다. 그 결과 전장에 비해 한 줌의 점에 불과한 군대 규모가 선의 군대로 확대되어 현대군의 모형이 되었다.

둘째, 일반참모부 도입은 군사 경영을 상시화한 혁명이었다. 일반참모부는 평시부터 전쟁에 대한 연구와 준비를 전담했다. 임시적이었던 전쟁 사무가 상시적인 업무가 된 것이다.

일반참모부는 평시에 작전 계획을 수립하고 예행연습을 할 수 있도록 했다. 군의 규모가 선의 군대로 확대된 결과 장군의 시야에서 사라진 대규모 부대를 간접적으로 지휘하는 체제를 구축했다. 즉 훈련과 명령을 통하여 작전을 지도했다.

셋째, 산업 혁명은 대량생산 체제 도입으로 군을 혁신했다. 즉 산업 혁명으로 대량생산 체제를 가지게 된 국가들은 국민군을 저렴한 비용으로 무장시킬 수 있게 된 것이다. 신형 소총과 연발총이 등장했으며 특히 속사가 가능한 대포를 대량생산할 수 있게 되어 전장의 화력을 혁명적으로 증진시키고, 전장을 확대시켰다. 한편 도로, 운하, 항만의 발달은 수송력을 증가시켜 작전적인 기동성을 획기적으로 향상시켰다.

이러한 혁명의 결과 대형에 의존하여 정형화되었던 전투 방식을 극복하고, 능동적이고 연속적인 방법으로 전투가 가능하게 되었다. 그 결과 100여 년간 유럽 절대왕정의 군사 사상을 지배하던 '제한적인 소모전'이 아닌 '무제한적인 결전'을 추구할 수 있게 됐다.

민주주의 확산의 에너지가 되다

나폴레옹전쟁의 최종 승자는 영국이었다. 이로 인해 소위

팍스 브리타니카(Pax Britannica: 영국에 의한 평화)가 본격적으로 시작된다. 나폴레옹전쟁은 처음에는 프랑스 혁명을 방위하는 전쟁으로 시작되었다. 그러나 점차 침략적인 정복전쟁으로 확대되었다. 나폴레옹은 유럽 제국(諸國)과 크고 작은 전쟁을 60회나 벌였다. 이 모든 전쟁의 궁극적인 목표는 영국의 타도였으니, 나폴레옹전쟁을 제2차 백년전쟁이라고도 할 수 있다.

세계 지배를 꿈꾸던 나폴레옹의 야망은 전쟁의 실패로 무너졌다. 그러나 그의 전쟁은 뜻밖에도 중대한 결과를 초래했다. 그것은 19세기 역사의 주류를 형성하는 자유주의·국민주의를 전파하는 에너지가 되었다. 혁명의 영향을 받은 프랑스 군인들에 의해 정복지의 구(舊)제도 폐지와 민주적 제도·입헌정치의 수립, 자유·평등 사상의 이식이 이루어졌다. '제1의 민주주의 물결'을 조성한 것이다. 칼의 지배는 실패했지만 민주주의 유지와 확산에는 성공했다. 그래서 그는 프랑스의 가장 위대한 인물로 빛나고 있다.

전쟁 철학자 클라우제비츠

프로이센의 장군 카를 폰 클라우제비츠는 현대 전쟁 이론의 아버지이다. 현대 군사이론은 클라우제비츠의 이론(Clausewitzian)을 중심으로, 그의 이론에 반대하는 이론(Anti-Clausewitzian), 그의 이론을 재해석한 이론(Neo-Clausewitzian)으로 나눌 수 있다. 이렇듯 그의 군사이론은 현대 전쟁 이론의 근간을 형성하고 있다.

클라우제비츠는 7년전쟁에 참가했던 아버지의 유산, 본인 스스로 참전하여 포로 생활까지 한 나폴레옹전쟁의 경험, 나폴레옹에 협력하는 조국에 반기를 들고 러시아군에 복무했던 경험 등을 바탕으로 『전쟁론』을 저술하여 현대전 이론의 씨앗을 뿌렸다. 비정규전이 정규전화되는 전환기에 있는 오늘날, 그의 군사이론이 더욱 빛나고 있다.

클라우제비츠의 초상, 카를 빌헬름 바흐(Karl Wilhelm Wach), 19세기 작품

클라우제비츠, 그는 누구인가?

클라우제비츠는 청소년 시절부터 전 생애를 군대 속에서 보냈다. 클라우제비츠는 1780년 6월 1일 프로이센 왕국 마그데부르크(Magdeburg) 시에서 동북쪽으로 25킬로미터 떨어진 작은 도시 부르크(Burg)의 중산층 가정에서 넷째 아들로 태어났다. 그의 조부는 루터교 목사이자 신학 교수였다. 『전쟁론』의 중심적인 아이디어 중 하나인 '전쟁의 삼위일체'는 신학 교수였던 조부의 영향이 아니었나 하는 추측을 하게 한다. 그의 아버지는 중위로 7년전쟁(1756~1763년에 오스트리아와 프로이센이 슐레지엔 영유권을 놓고 벌인 전쟁)에 참가했으나 전투 중에 중상을 입고 퇴역하여 왕실의 수세관(收稅官)이 되었다. 그의 『전쟁론』에서 7년전쟁은 현실전(現實戰: 현실적인 마찰 요소로 인해 변형된 전쟁)의 모델이었다. 한편 나폴레옹 전쟁은 절대전(絶對戰: 순수한 분쟁 동기가 전쟁으로 치닫는 전쟁)의 모델이었다.

클라우제비츠는 아버지와 마찬가지로 12세 때 소년병으로 군대에 입대하여 포츠담(Potsdam)연대에서 중대 기수가 되었다. 1793년에는 13세의 나이로 대프랑스전쟁에 참가해 마인츠(Mainz) 공성전 등을 경험했다. 1795년 바젤(Basel) 평화조약이 체결되자 귀환했다.

1795년 전쟁에서 귀환하여 15세의 나이에 소위로 임관했다. 나폴레옹과 같은 나이에 소위가 된 것이다. 1801년 21세에 베를린의 사관학교에 입교하기까지 군무의 여가를 이용하여 독서에 열중했다. 이때의 독서가 『전쟁론』을 저술하는 지적인 토양이 되었다. 당시 독일은 철학의 시대였다. 칸트(Immanuel Kant: 1724~1804), 피히테(Johann Gottlieb Fichte: 1762~1814), 헤겔(Georg Wilhelm Friedrich Hegel: 1775~1831)등이 풍미하던 시절이었다. 독일의 철학은 클라우제비츠에게 전쟁을 보는 눈을 제공했고, 『전쟁론』의 틀을 제공했다. 조악하지만 크게 본다면 칸트의 인식론의 영향을 받은 클라우제비츠는 '전쟁은 어떠해야 한다'는 철학적 관점으로 전쟁을 보려 했다. 『전쟁론』을 저술함에 있어서는 헤겔 등의 영향으로 'A라는 사실에서 B를, B라는 사실에서 C라는 결론을 찾아내는' 변증법적 방식을 즐겨 사용했다.

평생의 후원자 샤른호르스트를 만나다

클라우제비츠는 1777년 타의 추종을 불허하는 성적으로 사관학교를 졸업한다. 사관학교에서 그는 평생의 후원자인 샤른호르스트(Gerhard von Scharnhorst: 1755~1813) 장군을 만난다. 그가 '클라우제비츠'가 된 것은 전적으로 샤른호르스트 덕이었다. 그는 샤른호르스트를 "정신적인 아버지이며, 벗이다"라고 했고 샤른호르스트는 "내가 아는 한 클라우제비츠와 비길 자가 없다"라고 했다.

사관학교를 졸업한 클라우제비츠는 그의 군사적 재능을 높게 평가한 샤른호르스트의 추천으로 프리드리히 2세(Friedrich II: 재위 1740~1786)의 동생인 아우구스트 왕자(August Ferdinand von Preussen)의 전속부관이 되었고, 1805년 25세에 대위로 진급했다.

예나 전투

1806년 아우구스트 왕자를 따라 예나-아우어슈테트 전투에 참가하게 된다. 프로이센과 러시아 동맹군이 프랑스와 맞서 싸운 이 전투에서 그는 대대장으로 출전했다. 전투는 나폴레옹의 승리로 돌아갔고, 그는 아우구스트 왕자와 함께 1808년까지 포로 생활을 하는 동안 조국 프로이센의 현실을 객관적으로 보는 시간을 가졌다.

1808년 11월 포로에서 풀려나 조국으로 귀환한 후 군제 개혁 위원장을 맡은 샤른호르스트의 참모가 되어 프로이센

군대의 개혁에 심혈을 기울인다. 개혁의 초점은 나폴레옹 따라 하기였다. 스스로 동기를 가지고 싸우는 프랑스군과 단지 용병으로서 명령에 따라 싸우는 프로이센군의 차이를 통감한다. 프로이센군은 예나 전투의 패배를 철저히 분석하고, 이 전투에 참가했던 장교의 80%를 퇴역시키는 뼈아픈 자기 반성을 감행한다. 맹종이 아닌 마음으로부터의 복종을 기반에 둔 임무형 전술을 도입하여, 프로이센군은 독일 통일의 주역으로 다시 태어났다.

1810년 샤른호르스트가 육군사관학교를 육군대학으로 변경하면서, 클라우제비츠는 그곳의 교관이 되어 당시 15세였던 황태자에게 군사학을 강의했다. 그가 가르친 황태자는 훗날 프로이센의 왕 프리드리히 빌헬름 4세(Friedrich Wilhelm IV: 재위 1840~1861)가 된다.

1810년 10월 마리 폰 브륄(Marie von Bruehl)과 결혼한다. 당시 클라우제비츠의 계급은 소령이었다. 황태자에 대한 강의는 전쟁론 구상의 단초가 되었고, 마리는 클라우제비츠가 갑작스레 세상을 떠나자 『전쟁론』을 발간하게 된다.

프로이센을 떠나 러시아에서 복무하다

1812년 나폴레옹의 러시아 원정이 시작되었다. 당시 프랑스의 위성 국가였던 프로이센은 나폴레옹 편에 서지 않을 수 없었다. 예나 전투 이후 군 개혁에 앞장섰던 장교들이 황제의 결심에 불복했다. 프랑스는 적국이었고, 그들에게 자유주의는 위험한 것이었다. 이런 분위기는 지사적인 뜻을 가진 프로이센의 많은 장교들로 하여금 러시아 진영에 가담토록 했다.

클라우제비츠도 프로이센군을 떠나 1812년 5월 하순 러시아군 참모본부에 중령으로 복무하게 되었다. 같은 해 8월의 스몰렌스크(Smolensk) 전투에서 그는 러시아군 보좌관으로 활약했다. 보로디노(Borodino) 전투에서는 러시아 우바로프(Uvarov) 기병대의 참모장이었다. 이후에는 러시아 제1군단 본부에 근무하면서 페테르부르크(Petersburg) 엄호작전에 참여했다. 이때 클라우제비츠는 러시아 측 협상 대표로 나와 프로이센이 프랑스와의 연합을 탈퇴하고 프랑스와 적대해서 러시아 편을 들어야 한다고 주장했다. 그의 이런 설득은 효과를 발휘했고, 프로이센이 러시아와 연합함으로써 그는 다시 조국으로 돌아온다.

콜레라로 급서하다

1813년 33세의 나이에 조국으로 돌아와 프로이센군에 복귀하기 위해 노력했으나 실패했다. 러시아군 복무로 인하여 황제의 노여움을 샀기 때문이다. 샤른호르스트의 열성적인 중재도 있었으나 소용이 없었다. 샤른호르스트는 궁여지책으로 그를 러시아군 장교 자격으로 블뤼허 장군의 사령부에 근무하게 했다. 제6차 대프랑스동맹전에서는 함께 참전한 샤른호르스트가 중상을 입고 사망했다. 스승이며, 아버지인 후원자를 잃은 것이다.

1814년 4월 천신만고 끝에 프로이센군에 복귀하여, 이듬해인 1815년에는 워털루 전투에 제3군단 참모장으로 참전했다. 전후에는 신설된 그나이제나우(Gneisenau)군단에서 3년간 근무했다. 1818년 소장으로 진급한 후 1830년까지 12년간 모교인 베를린 사관학교(육군대학)에 교장으로 근무했다. 1830년 포병 감독관으로 전출되었으나 그해 11월 폴란드 반란을 진압하기 위해 출동한 그나이제나우군단의 참모장으로 참전했다. 포병 감독관으로 복귀 후 불과 9일 만인 1831년 11월 16일 콜레라 증세로 급서했다.

전쟁론을 저술하다

『전쟁론』은 육군대학 교장 시절이었던 12년 동안 저술된 것이다. 클라우제비츠는 평소 1~2년 내 쉽게 잊히지 않고 오래도록 기억되는 전쟁 이론서를 집필하고자 염원했다. 그가 죽은 지 한 세기 반이 지난 오늘날 그의 이런 소망이 이뤄졌다.

전쟁론은 깊은 사색과 다양한 경험, 당시 독일의 학구적이며 철학적 풍토가 반영된 기념비적인 작품이다. 이 책은 현재까지도 커다란 영향을 미치고 있는 불멸의 저술이다. 그의 말처럼 "전쟁에 관심이 있는 사람이면 꼭 새겨서 읽어야 하는" 책이다. 한 번 보고 버리는 책이 아닌 것이다.

비슷한 시기에 활동했던 군사 전략가인 조미니(Antoine-Henri de Jomini: 1779~1869)의 전쟁 이론서도 사람들의 많은 관심을 끌었다. 당시에는 조미니의 이론이 클라우제비츠의 이론을 압도했다. 조미니의 군사이론은 나폴레옹전쟁 유형을 중심으로 쓰인 것이다. 밖에서 본 것이다. 그러나 클라우제비츠는 나폴레옹전쟁을 안에서 해석했다. 전쟁의 본질을 본 것이다. 전쟁 양상은 변한다. 그러나 전쟁 본질 그 자체는 변하지 않는다. 조미니는 곧 잊혔다. 그러나 클라우제비츠는 지금까지도 영원하다.

프로이센에서는 클라우제비츠를 군사이론의 경전격인 대작의 저자로 추앙했다. 세월이 흘러감에 따라 클라우제비츠의 군사이론 주창자들은 점점 증가했다. 20세기 들어 각국의 대부분 군 장교들은 클라우제비츠 전쟁 이론서를 보다 인기 있는 교과서로 받아들였다. 정치학자들은 전쟁이라는 사회 현상을 알기 위해 클라우제비츠의『전쟁론』을 알아야 할 정도가 되었다.

유고를 발간한 마리 부인은 "샤른호르스트 장군과 육군대학 그리고 황태자에게 강의한 것"이 전쟁론의 기본 자료가 되었다고 했다. 육군대학 교장이라는 직책은 한직이었다. 더군다나 그는 교장으로서 제한된 권한만 행사하도록 되어 있었다. 남는 것이 시간뿐이었던 것이다. 이것이 역설적으로 침착하게 저술에 전념할 수 있는 기회를 제공했다.

그는 현대전의 효시라고 할 수 있는 나폴레옹전쟁을 초급 장교로서 몸소 겪었다. 2년 간 포로 생활 속에서 유럽 최강의 프로이센군이 왜 이렇게 되었나 하고 생각했다. 러시아군에 복무하면서 전쟁에 대하여 보다 넓은 시야를 가지게 되었다. 이런 체험과 칸트와 헤겔의 철학적 사고를 바탕으로 전쟁론을 저술했다. 전쟁론은 전쟁에 대한 철학적 물음에 대한 답을 포함하고 있다. 전쟁이란 무엇인가? 전쟁의 목표와 수단은? 전쟁의 특성은? 전쟁의 천재는? 전쟁 수행의 핵심은?

전쟁론의 주제: 전쟁이란 무엇인가?

클라우제비츠는 전쟁론 제1장에서 '전쟁이란 무엇인가?' 라는 제목처럼 전쟁의 본질을 규명하려 했다. 그는 부분과 전체를 모두 살펴보는 방법으로 전쟁을 탐구했다.

먼저 클라우제비츠는 부분적으로 보아 전쟁을 구성하는 원소나 분자를 찾으려 했다. 그것은 전쟁의 폭력성이었다. 그는 전쟁을 양자 간에 이루어지는 결투의 확대로 비유했다.

전쟁은 나의 의지를 적에게 강요하기 위한 일종의 폭력 행사이다.

양자 간 폭력 행사는 필연적으로 극한으로 치닫게 된다. 클라우제비츠는 나폴레옹전쟁을 통해서 전쟁의 유혈성, 절대성, 결정성을 보았다. 나폴레옹전쟁 이전 절대왕조 시절 이루어졌던, 전쟁의 폭력성을 거부하거나 회피하려는 제한전쟁(전쟁의 목적이나 지역, 수단, 무기 등에 제한을 두고 하는 전쟁) 을 정면으로 거부한 것이다.

클라우제비츠는 전쟁을 전체적으로 보았을 때 전쟁은 극한으로 가지 않았다고 생각했다. 부분으로써의 전쟁에서 폭력의 절대성은 이론으로는 가능한 것이었으나 실제로는 이루어지는 것이 아니란 것이다. 궁극적으로는 전쟁의 폭력성, 절대적 확대는 완화되고, 전쟁의 정치적인 목적이 전쟁을 지배하는 것이다. 현실적인 전쟁은 정치의 정치적인 목적에 따라 전쟁은 극단적이거나 완화된 형태를 띠게 되는 것이다. 클라우제비츠는 다음과 같이 말했다.

전쟁은 다른 수단에 의한 정치의 계속이다.

결국 전쟁은 정치의 수단이 되는 것이다. 양자는 종속적인 관계가 되는 것이고, 수단과 방법으로 상호작용하게 되는 것이다. 클라우제비츠는 이런 전쟁의 모델을 7년전쟁에서 찾았다. 프리드리히 2세는 결코 능력 이상의 정치적인 목적을 추구하지 않았다. 그의 전쟁 수행 방식은 목표와 수단을 더도 덜도 아니게 정확히 맞추는 것이었다.

그다음 그는 부분과 전체를 종합하여 복합적으로 전쟁의 본질을 정의했다. 전쟁의 본질을 "하느님의 삼위일체(god of trinity)"에 비유하여 "전쟁의 삼위일체(war of trinity)"로 설명했다.

전쟁은 증오심과 적대감이 작동하는 국민과 그들의 열정의
맹목적인 충동, 우연성과 개연성이 작용하는 군과 그들의 지도

자의 자유 의지, 정부에 속하는 순수한 이성이 기묘하게 상호
작용하는 삼위일체이다.

모든 전쟁 이론은 삼위일체(war of trinity)로 설명되어야 한
다. 국민의 맹목적인 충동으로 작용하는 열정 요소는 전쟁의
기관차이다. 어떤 전쟁도 국민적인 지지 없이는 성공할 수
없다. 해리 서머스(Harry G. Summers Jr.: 1932~1999)는 베트남
전의 실패를 국민적인 지지의 부족에서 찾았다. 손자는 이를
도(道)로 보았다. 국민이 생사를 두려워하지 않고 같이 하려
는 마음이 도인데 전쟁에서는 이 도를 먼저 얻어야 된다는
것이다.

전장을 지배하는 우연성, 마찰, 불확실성은 용기와 직관을
통한 통찰력으로 극복해야 한다. 군사적인 천재는 이런 능력
이 탁월한 자이다. 순수한 이성이 작용하는 정부는 마치 기
차를 달려가게 하는 레일과 같다. 정부는 전쟁의 방향을 제
공하고, 극한성을 완화시킨다. 정치적인 목적을 제시하여 전
쟁의 방향을 이끌어 간다.

삼자 간의 관계는 가변적이고, 무작위적이다. 클라우제비
츠는 3요소 간의 관계가 수시로 변하기 때문에 전쟁은 카멜
레온처럼 변한다고 했다. 3요소는 상호 간에 당기기도 하고
배척하기도 하는 성격을 지닌다. 이런 3요소가 무작위적인

상호작용을 통하여 균형점을 찾는다. 그렇기 때문에 전쟁은 카멜레온처럼 상황에 따라 변한다. 미 해군 대학원의 배스포드(Christopher Bassford) 박사는 전쟁을 3요소 간에 역설적이고 기묘하며, 역동적인 균형 관계가 무작위적으로 작용하는 세 개 자석의 균형추 운동으로 설명하고 있다.

전쟁론의 핵심적인 개념들

배스포드 박사는 전쟁론의 핵심적인 개념을 다음과 같이 제시하고 있다.

절대전과 현실전

클라우제비츠는 전쟁을 의지의 대결로 정의했다. 그랬을 때 의지가 무제한으로 작용되는 전쟁은 절대전이 되고, 의지가 제한되거나 통제되는 전쟁은 현실전이 된다. 이 세상에 존재하는 모든 전쟁은 '무제한적인 의지의 행사'와 '제한된 의지의 행사' 사이에 존재한다. 클라우제비츠는 전쟁의 본질이 '무제한적인 의지의 행사'에 있다고 보아 전쟁에서 적극적인 전투를 주장한다. 이런 관점이 궁극적으로는 섬멸전 사상과 연결된다.

전쟁은 정치적인 수단

클라우제비츠는 "전쟁에서 그의 문법은 있으나 문장은 없다"라고 했다. 여기서 문장은 전쟁 그 자체이고 문법은 전쟁을 수단으로 사용하는 정치이다. 이런 맥락에서 전쟁은 다른 수단에 의한 정치의 계속이 되는 것이다. 즉 전쟁은 정치에 예속되어야 한다는 것이다.

전쟁의 삼위일체

전쟁은 카멜레온처럼 항상 변화한다. 보는 관점에 따라 다양한 모습으로 보인다. 그것은 바로 전쟁의 3요소가 경이롭고, 역설적이며, 환상적인 삼위일체를 형성하기 때문이다. 3요소의 첫째는 원시적인 증오심이나 적대 감정 등으로, 주로 전쟁에 대한 국민의 감정이다. 손자가 말한 도의 문제이다.

둘째는 이성이 작용하는 분야로 주로 전쟁에 대한 정부의 역할이다. 정부는 전쟁을 이끌어 간다. 거기에는 국가 이성이 작용한다.

셋째는 우연성과 개연성이 작용하는 영역으로 주로 군대와 관련된다. 군대는 전쟁을 수행하는 주체이다. 전쟁에서 "국민이 기차라면 정부는 기차가 가는 레일이고, 군대는 기차를 이끄는 기관사"이다.

전쟁의 정치적 목적과 군사적인 목표

클라우제비츠는 전쟁의 군사적인 목표가 전쟁의 정치적인 목적에서 나온다고 했다. 왜냐하면 전쟁은 문법 그 자체이고, 문장은 정치의 소관이기 때문이다. 전쟁은 정치에 종속되어야 하고, 상호 소통하여야 한다. 그렇지 못할 때 비극은 시작된다.

사회적인 현상으로서 전쟁이 가지는 특성: 위험, 육체적인 고통, 불확실성, 개연성과 우연성

클라우제비츠는 전쟁을 학문과 기술의 영역이 아니라 사회적인 현상으로 보았다. 사회적 측면에서 전쟁의 특성이 어떤 것인가를 제시한 것이다. 전쟁 전반을 지배하는 죽음의 위험은 전쟁이라는 사업의 성격을 특별하게 한다. 어떤 사업이 죽음을 담보로 하겠는가? 전장에서는 극한적인 체력과 인내를 요구받는다. 죽느냐 사느냐의 문제가 달려있기 때문이다. 또한 전쟁은 본질적으로 불확실성을 내포한다. 과학기술의 발전으로 전장을 보는 눈은 획기적으로 발전했다. 그러나 상대방의 의지나 의중은 어떤 과학적 기법으로도 알 수 없다. 그러므로 전장에서는 항상 불확실성을 안은 채 결심하고 행동한다. 전쟁에서 우연성과 개연성은 전쟁을 게임과 유사한 놀이가 되게 한다.

방어는 공격보다 강력

클라우제비츠는 방어가 공격을 포함하고 있다고 했다. 공격자는 필연적으로 한계점에 도달한다. 방어자는 그때 축적된 힘으로 회심의 일격을 가할 수 있다. 방어 수단이 발달할수록 방어 그 자체의 힘은 커진다. 거기에 반격을 포함하면 전체적으로 방어는 공격을 압도하는 것이다.

전쟁에서는 정신적인 요소가 물질적인 요소보다 중요

클라우제비츠는 전쟁을 나의 의지(will)와 적에게 강요하는 의지의 경쟁으로 보았다. 이런 맥락에서 클라우제비츠는 전쟁에서 물질적인 요소가 정신적인 요소가 3배나 중요하다면서 물질적인 요소가 칼집이라고 한다면 정신적인 요소는 그 속의 시퍼런 칼이라고 했다.

전쟁의 안개와 마찰

클라우제비츠는 "전쟁은 불확실성의 영역이다. 전쟁의 모든 행동에 바탕이 되는 일 중 75%는 불확실성의 안개 속에서 이루어진다"라고 했다. 이것이 '전장 마찰'의 근본이 된다. 전장 마찰은 물리적인 용어인 마찰을 원용한 것이다. 물리적인 의미에서 마찰은 "물체가 다른 물체 위를 미끄러지거나 구를 때 이를 방해하는 힘"이다. 이것을 군사적인 측면에서 보면 계획과 실시에서 발생하는 차이, 전쟁의 안개의 작용, 지형이 병력을 흡수하는 현상 등이다. 마찰은 절대전을 현실전이 되게 한다.

군사적인 천재의 자질 군사안(coup d'oeil)

클라우제비츠의 장재론(將才論)은 실제적이다. 다양한 군사 경력과 깊은 철학적 사색을 바탕으로 군사적인 천재가 갖추어야 할 자질이 무엇인가를 생각했다. 그는 프랑스어를 이용한 '쿠되유(coup d'oeil)'라는 개념을 들어 장군이 가져야 할 능력, 군사안을 제시했다. 쿠되유를 굳이 번역하자면 'strike of eye, 한 번 흘낏 보는 능력'이나 원래 의미를 완전하게 포함시킬 수는 없다.

클라우제비츠는 전쟁의 신 나폴레옹이 이러한 군사안을 가졌다고 보았다. 쿠되유는 긴박하고, 불확실하며, 모호한 전장에서 신속하게 상황을 파악하는 능력이다. 그것은 마치 깜깜한 암실에서 순간적으로 비친 한줄기 섬광의 빛을 이용하여 전체적인 상황을 파악하는 능력이다. 궁극적으로 쿠되유는 전쟁의 안개 속에서 마찰을 극복하는 능력이다.

모든 교전, 전투, 작전의 핵심은 중심(schwerpunkt)

전쟁은 나의 의지를 적에게 강요하는 것이므로 궁극적으

로 적을 섬멸하고 무장을 해제하는 것이 군사작전의 목표가된다. 그러므로 모든 군사작전의 목표는 적의 힘의 근원인중심을 타격하여 섬멸하는 것으로 지향되어야 한다. 공격자도 결정적인 타격력 중심을 형성하여 적에게 결정타를 날리도록 해야 한다. 클라우제비츠의 중심 개념은 몰트케(Helmuth von Moltke: 1800~1891)에 의해 포위 섬멸전(kesselschlacht) 개념으로 발전되었다. 오늘날의 모든 군사 교리는 섬멸전과 그발전 형태인 마비전의 범주에 있다.

공세 종말점

클라우제비츠는 '최고 탄도 고도'를 의미하는 병기 용어를 군사작전에 적용했다. 공격은 방어자와의 교전을 통한 전력 손실, 점령지 통제를 위한 추가 병력 소요, 기타 마찰 요소로 인하여 한계점에 도달한다. 공격자는 이때 증원하든지, 방어로 전환하든지 한 가지 선택을 해야 한다. 전황을 낙관적으로 판단하여 아무런 조치도 없이 한계점을 넘으면 비극적인 사태가 발생한다. 국민의 비이성적인 적대감, 정부의잘못된 전쟁 지도는 군대를 파멸로 이끌고 궁극적으로 패전을 초래한다.

제자와 추종자들

클라우제비츠의 군사이론은 몰트케에 의해 실제적인 작전 이론으로 발전되었다. 몰트케는 수제자이면서 적극적인 전도사였다. 손자병법이 조조에 의해 크게 전파되었던 것처럼 『전쟁론』 또한 몰트케에 의해 유명해졌다. 몰트케의 클라우제비츠 해석에서 나온 포위 섬멸전·중심·작전 한계점 개념 등은 지금까지도 군사 교리의 근간을 형성하고 있다. 리델 하트(Adrian Liddell Hart: 1922~1991)는 섬멸전 이론을 '피의 전도사'로 부르며 비판했다. 그러나 리델 하트의 '간접 접근 이론'도 궁극적으로는 적의 섬멸을 지향한다.

클라우제비츠의 전쟁론은 카를 마르크스(Karl Heinrich Marx), 레닌(Vladimir Il'ich Lenin), 마오쩌둥(Mao Zedong) 등 공산주의자들에게 영향을 미쳤다. 레닌은 클라우제비츠를 위대한 군사저술가 중 한 사람이라고 평가했다. 그는 클라우제비츠의 "전쟁은 다른 수단에 의한 정치의 계속"이라는 관점을 보다 적극적으로 계승했다. "정치는 이성이다. 전쟁은 단지 수단이다. 군사적인 견해는 정치적인 고려 속에 종속되어야 한다"라고 했다. 1917년 이후 소련의 군사 교리는 레닌이 해석한 클라우제비츠 이론이 지배했다. 마오쩌둥도 클라우제비츠에 심취했다. 그는 산시성 옌안(延安)에서 클라우제비츠 강좌를 열기도 했다.

1945년 이후 클라우제비츠는 미국에 본격적으로 전파되었다. 아이젠하워(Dwight Eisenhower), 헨리 키신저(Henry Kissinger), 카스퍼 와인버거(Caspar Weinberger) 미국 전 국방장관 등도 클라우제비치안(Clausewitzian)의 범주에 든다. 1991년 합참의장으로서 걸프전을 승리로 이끌었던 콜린 파월(Colin Powell) 미국 전 국무장관도 클라우제비츠의 『전쟁론』을 깊이 연구했다.

정치·사회학자들에게 『전쟁론』은 전쟁이라는 사회적인 현상을 해석하는 기본적인 도구 역할을 하고 있다. 유명한 학자들은 레몽 아롱(Raymond aron), 피터 파렛(Peter Paret), 헨델(Michael Handel), 배스포드 등이다. 지금까지 클라우제비츠의 전쟁론을 주제로 하는 박사학위 논문은 2,000여 건을 육박하고 있다. 클라우제비츠는 불멸의 저서 『전쟁론』으로 지금도 우리 곁에 있는 것이다.

전격전의 아버지 구데리안

서양의 군대는 그리스 팔랑크스를 원조로 대형을 이루며 시작했다. 대형을 이룬 군대는 점이었다. 대형의 군대는 화약의 발명으로 소총이 등장하면서 선의 군대로 발전했다. 선의 군대가 제1차 세계대전을 거치며 면의 군대로 발전하기 시작했고, 제2차 세계대전에서 기계화전 시대를 맞이한다. 나폴레옹은 보병의 혁신을 통해, 몰트케는 철도 기동으로 기동전을 실현했으나 구데리안(Heinz Guderian: 1888~1954)은 '면의 군대' 시절 전차와 무선을 결합한 모터의 기동력으로 기동전을 구사한다. 구데리안의 기동전을 전격전(電擊戰)이라고 부른다.

러시아에서의 하인츠 구데리안, 독일 연방 문서
보관소 소장(Bundesarchiv, Bild 101I-139-1112-17)

전격전 개념과 기갑부대

　　구데리안은 전격전 이론을 창안했다. 이를 위하여 전차부
대를 만들고, 이 부대를 운용하여 신화적인 승리를 했다. 역
사상 많은 장군들이 전장에서 전투를 지휘하며 자웅을 겨루
어왔다. 대다수의 장군들은 부대를 훈련시키고 전투 지휘를
통해 승리하거나 패전의 기록을 남겼다. 그러나 전술을 창안
하고 그에 따라 부대를 편성하고, 훈련시키고 지휘하여 전투
에서 승리를 거둔 지휘관은 드물다. 구데리안은 그런 사람

중 하나이다. 그는 전격전을 통하여 제1차 세계대전 이후 한계에 도달한 포위 섬멸전의 문제점을 극복했다. 전격전이 바로 그 해답이었다.

전격전은 전차의 기동과 급강하 폭격기의 화력에 무선통신의 신속성을 결합한 기동전 모델이다. 구데리안은 기동이 화력보다 중요하다는 것을 철저하게 인식했다. 그는 기계화 시대 기동전의 선구자였다.

구데리안은 정신 면에서 매사에 최선을 다하는 철저한 프로이센인의 기질을 타고났다. 그의 생애와 사상을 연구한 사람이라면 구데리안을 기동전의 명장으로 보는 것에 대하여 이의를 달지 않는다. 리델 하트도 주저하지 않고 제2차 세계대전 중 기동전 전문가로 구데리안을 들고 있다.

통상적으로 이론에 강하면 실전에 약하고 실전에 강하면 이론에 약하지만 구데리안은 예외였다. 구데리안은 보병 위주로 사고하는 보수적인 군부에 혁신적인 전차 운용을 관철시키고 보편화시킨 전격전의 아버지였다.

히틀러의 병기가 되다

구데리안은 초급장교 시절 무선통신부대에서의 근무 경

험, 제1·2차 세계대전 기간의 수송부대 근무 경험을 전격전 이론에 접목시켰다. 그는 풀러(J. F. C. Fuller)의 기계화전 이론을 심도 있게 분석하고, 영국과 프랑스의 전차 개발과 기계화부대 편성을 유심히 관찰했다. 그런데 영국과 프랑스군에서는 보수주의자들의 반발로 전차가 독립된 기동타격부대로 발전하지 못했다. 하지만 독일에서는 히틀러의 지지와 예나 전투 이후 발전된 폭풍부대의 침투 전술이 결합되어 전격전이 탄생하게 되었다.

히틀러는 1933년 쿠머스도르프(kummersdorf)에서 전차부대 편성 장비들을 브리핑하는 구데리안에게 "바로 저것이 내가 요구하는 것이야"라는 말로 독일군 전차부대의 확장에 동력을 제공했다. 히틀러의 지지는 독일군 일반참모부의 지지와 결합되어 독일군의 기갑부대 편성을 가속시킨 것이다.

구데리안은 독일 최초, 세계 최초의 기갑군단장이 되었다. 바로 제16기갑군단이었다. 1938년 1월 기라성 같은 선배들을 제치고 중장으로 진급한 후 기갑군단장에 임명되었다. 그의 기갑군단은 히틀러 정책 수행의 도구가 되어 라인란트(Rhineland)로 진주, 오스트리아 및 체코의 합병에 앞장섰다.

오스트리아 합병에서 구데리안은 히틀러의 친위사단과 협동하여 제16군단 예하의 제2기갑사단과 히틀러 친위(LSSAH)연대를 이끌고 단 48시간 만에 빈으로 진군했다. 제

16군단 예하의 제2기갑사단은 독일 남부의 뷔르츠부르크(Wuerzburg)에서 670킬로미터를, LSSAH연대는 베를린에서 1,000킬로미터를 48시간 만에 주파하여 빈에 도착한 것이다. 오스트리아는 구데리안의 기갑부대의 위력에 스스로 무너졌다. 구데리안의 기갑부대는 체코 점령 때도 선봉에 섰다. 그는 오스트리아와 체코를 점령한 공을 인정받아 1938년 11월 기갑대장으로 진급했다. 제2차 세계대전이 발발하자 폴란드, 프랑스, 소련과의 수많은 전투에서 선봉으로 나서 승리를 이끌었다.

구데리안은 역사상의 명장들이 공통으로 지니고 있는 특성을 고루 갖추었다. 그는 신속 정확한 직관력과 예리한 통찰력의 조화라 할 수 있는 '군사안(쿠되유)'를 가졌다. 기습으로 상대방의 균형을 무너뜨리는 능력, 상대에게 회복할 기회를 허용하지 않는 치밀한 사고와 행동의 속도를 보여주었다.

그가 없었더라면 히틀러는 전쟁을 개시하고도 초기에 좌절할 수밖에 없었을 것이다. 전쟁 개시 당시 독일의 군사력이 주변 강대국과 견주어 승리할 수 있을 만큼 충분하지 않았기 때문이다. 국가 지도자로서 구데리안과 같은 군인을 만난다는 것도 큰 행운이다. 제2차 세계대전 초기에 독일군이 승리의 질주를 할 수 있었던 것은 구데리안이 창설을 주도한 10개의 기갑사단이 번개와 같은 전격적인 기동전으로 전투의 승패를 초기에 결정지었기 때문이다. 구데리안과 그가 창설한 기갑부대는 히틀러의 절대병기였다.

군인 가문에서 군인의 길을 가다

구데리안은 1888년 1월 17일 지금은 폴란드 땅이 된 비스툴라(Vistula) 강 근처 쿨름(Kulm)에서 태어났다. 그가 태어났을 때 그의 아버지 프리드리히 구데리안(Friedrich Guderian)은 포메라니안예거(Pomeranian Jaeger)대대 선임 중위였다. 그 후 그는 아버지를 따라 제1차 세계대전 이후 프랑스로 반환된 알자스(Alsace) 지방의 콜마르(Colmar)로 이주하여 살았다.

그는 아버지의 영향으로 군인의 길을 걷기로 예정되어 있었다. 그는 1901년 4월 1일 바덴뷔르템베르크(Baden-Wuerttemberg) 주에 있던 칼스루에(Karlsruhe) 유년 사관학교에 입학했다. 1903년 4월 1일부로 베를린 근처에 있던 그로스리히터펠테(Gross-Lichterfelde) 제1사관학교로 전학했고, 1907년 2월 졸업시험을 치렀다. 6년간의 교육과정은 민간 실업계 고등학교 과정과 유사했다. 졸업 후 견습사관으로서 아버지가 대대장이었던 로트링겐(Lothringen) 주의 빗슈(Bitche)에 있는 제10하노버예거(Hanover Jaeger)대대로 전속되었다. 1907년 4월부터 12월까지 메츠(Metz)에 있던 전투학교에서 수학한 후 1908년 1월 27일에 보병 소위로 군 생활을 시작했다. 구데리안은 제1차 세계대전 당시 초급장교로서 무선통신부대에 근무했고 이후에는 수송부대에 근무했다. 이러한 경력이 이후 기갑사단을 창설하는 데 결정적인 도움을 주었다. 전격전은 '전차와 항공기 그리고 무선이 결합된 기동'이 핵심이다. 이런 측면에서 보면 전격전의 선구자로서 구데리안의 통신부대 경험은 매우 소중한 것이었다. 제1차 세계대전 당시 무선통신은 초보단계였다. 그러나 구데리안은 무선통신이 전차의 기동력과 결합되어 전장의 시간과 공간을 결정적으로 단축시키고, 작전 반응 속도를 단축시킬 수 있다는 사실을 체험을 통해 인식했다.

제1·2차 세계대전 기간 그는 기계화부대를 편성하고 교육하는 데 앞장섰다. 그리고 독일군이 최초로 편성한 기갑군단장이 되었다. 1922년 1월에 뮌헨 소재 제7바바리아 차량화 수송대대로 배속되고 4월에 국방성 차량화 수송과로 전속되었다. 1927년 2월에 소령으로 진급했다. 같은 해 10월 국방성 군무국 육군 수송과로 전속함과 동시에 전술 교관을 겸임했다. 1930년 2월에 베를린 란크비츠(Lankwitz)의 제3차량화 수송대대장을 역임했다. 1931년 2월 중령으로, 1933년 4월에 대령으로 진급했다. 이때까지 그는 주로 차량화 관련

부서에서 주로 근무했다.

1935년 10월 뷔르츠부르크 소재 제2기갑사단 사단장에 임명되었고, 이듬해 8월 소장으로 진급했다. 1938년 중장으로 진급 후, 독일군이 최초로 편성한 제16군단장에 임명되었다. 제2차 세계대전 당시에는 제19군단장으로서 폴란드 침공에 참전했고, 그의 군단은 1940년 독일과 프랑스의 전쟁에도 참전하여 영국-프랑스 연합군을 공포와 혼란의 도가니로 몰아넣었다. 1941년 독일과 소련의 전쟁에서는 제2기갑군을 이끌며 독일군의 창끝이 되었다. 1943년 기갑총감으로 전차 생산을 배가시켰다. 1945년 참모총장직을 수행하다 해임되었다.

"전차를 주목하라!": 전격전 이론을 만들다

구데리안은 1937년에 그간의 연구결과를 집대성하여 『전차를 주목하라!(Achtung Panzer!)』라는 저서를 발간했다. 이 책자에서 그는 전격전 이론을 제시했다.

그는 강력한 선봉부대를 창으로 전선에 충격을 가하여 돌파한 후, 속도를 배가하여 적 배후에 위치한 전략 거점을 신속히 완전하게 제압함으로써 전장에서 승리할 수 있다고 주장했다. 포위와 우회가 아니라 돌파 후 기동을 주장한 것이다.

이를 위해서는 보병을 지원하는 분산된 기갑부대가 아닌 집단화된 대규모 기갑부대가 필요하므로, 전차를 집중 운용해야 한다고 주장했다. 그리고 화력을 근접 지원할 자주포병, 전차가 돌파한 돌파구를 확장할 차량화된 보병이 필요하다고 생각했다. 또한 종심상의 적 포병을 타격할 공군의 운용을 추가할 것을 주장했다. 지휘 통제 수단으로 무선을 적극적으로 운용하여 작전 반응 속도를 단축시켜야 한다고 했다. 이 개념이 제2차 세계대전 당시 구데리안이 주창한 전격전이었다.

독일군의 전격전 이론은 전차를 주축으로 하는 모범적인 기동전 실천 모델이었다. 전격전은 제1차 세계대전 시 교착된 전선을 타개할 방법으로 등장한 침투 및 돌파 전술인 후티어(Hutier) 전술을 전차, 항공기, 무전이라는 장비의 효과적인 결합으로 최신화시킨 것이다.

후티어 전술의 핵심은 적을 분쇄하는 것이 아니라 약점과 간격으로 침투하여 적을 마비시키려는 것이었다. 이를 위해 '기습적인 공격 준비 사격 → 보병부대 돌파 및 침투 → 포병 근접 지원 → 병참부대 후속 지원'이란 방식을 적용했다. 초기에 이 전술은 소기의 성과를 이루었으나 보병이 가지는 근본적인 취약점으로 작전적 종심에서 공격 기세를 유지할 수 없게 되어 실패로 끝나게 된다. 하지만 구데리안은 이런 후티어 전술의 한계를 전차로 극복했다. 전차의 방어진지 돌파력은 돌파 후 포위를 가능케 했다. 전격전은 노출된 '측익에 대한 양익 또는 일익 포위(outflank)'를 추구하는 포위 섬멸전을 '돌파 후 포위'라는 방식으로 바꾸어 살린 것이다.

전격전은 전차와 항공기 및 무전이 결합된 충격력과 속도를 효과적으로 이용한다. 독일군은 반(半)독립적으로 운용되는 정찰대를 추진하여 운용했다. 추진 정찰대는 전통적인 정

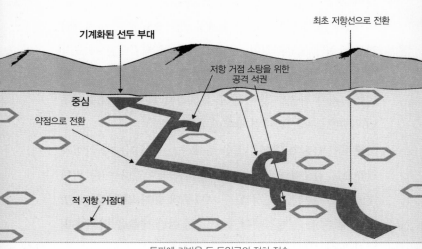

돌파에 기반을 둔 독일군의 전차 전술

찰대보다 증강된 전력으로(최대 본대의 30%) 본대의 통제 밖 거리까지 앞서서 독립적으로 운용됐다. 전통적인 경계 임무인 정찰에 더하여 결정적인 전기(戰機)를 포착하는 임무까지 수행했다.

독일군의 전격전 교리는 선의 군대에서 제1차 세계대전 이후 면의 군대로 확장된 전선을 돌파하고 기동을 회생시키는 역할을 했다. 전격전은 대전의 기본적인 기동 양식이 된 '돌입, 돌파, 돌진'의 삼단 기동 방식을 출현시켰다.

구데리안과 프랑스 침공 이전의 기갑부대 편성 과정

구데리안은 1917년 11월 캉브레(Cambrai) 전투에서 연합군이 전차를 성공적으로 사용하는 것을 보고 깊은 인상을 받았다. 이후 제1차 세계대전의 경과를 분석하고 연구했다. 독일군의 전통인 나폴레옹전쟁 이후 침투 전술, 이를 적용한 후티어 침투 전술 등을 바탕으로 하여 전격전 개념을 정립했다. 그러나 이런 전격전 개념은 대전차 무기의 개발, 기병으로도 우수한 기동성을 보장할 수 있다는 프로이센의 귀족들이 가졌던 전통적인 기병 중시 사상의 벽을 깨뜨리기가 무척 힘들었다.

그는 보수주의자들의 간섭이 덜하고 기계화 실험이 가능한 차량화 수송대대에 배치되면서 부대 편성 실험을 계속했다. 그러나 그의 직속상관이었던 오토 폰 슈튈프나겔(Otto von Stuelpnagel) 장군조차도 "우리 중 어느 누구도 우리 시대 작전에서 독일군 전차를 볼 수는 없을 것"이라고 구데리안의 사기를 꺾어버릴 정도였다.

1920년대가 되어서야 구데리안은 전차에 대한 실험 계획을 입안할 수 있었다. 독일은 베르사유 조약(1919)에 의해 일체의 전차를 보유하는 것이 금지되어 있었다. 그렇기 때문에 몇 가지 실험 모델을 소련에 위치한 카잔(Kazan)에서 비밀리에 실험했다. 이때만 해도 독일에는 전차가 한 대도 없었다. 1929년에야 겨우 스웨덴에서 전차 한 대를 구할 수 있었다.

구데리안은 다른 선각자들의 경험을 정리한 실험 보고서를 탐독하는 등 기계화부대 운용에 대해 적극적으로 연구했다. 그는 1927년 영국의 실험 기계화부대 연습뿐만 아니라 스윈턴(Ernest D. Swinton), 풀러, 마르텔(Giffard Le Quesne Martel) 그리고 당시 무명이었던 드골(Charles De Gaulle)의 기계화 이론과 교리 관련 저술을 연구했다. 가르치고 저술하는 작업, 그리고 여러 군사 잡지에 대한 기고가 구데리안이 사상을 강화, 발전, 구체화하는 데 도움을 주었다.

그가 정립한 개념의 핵심은 공격의 속도가 보병이 아닌

기계화사단의 전차 속도에 의해 예측되어야 한다는 것이었다. 그의 이러한 사고는 당시 어떤 공격 속도도 보병의 전진 속도에 의해 결정되어야 하며, 전차는 여단급 이하 부대로 보병을 지원해야 한다고 생각한 고위 장군들의 전통적인 견해와는 상충되었다.

1934년에 기병 병과 장교였던 참모총장 베크(Ludwig Beck) 장군의 반대에도 불구하고 구데리안과 그의 상관 루츠(Oswald Lutz) 장군은 기갑사단 편성을 밀어붙였다. 루츠가 상관이었지만 기갑부대 주요 훈련 교리, 지휘 통제 절차, 군수 체계, 기계 부품 조달자들과의 협조 등은 구데리안이 구체화해나갔다. 육군 고위층의 끊임없는 의심에도 불구하고 구데리안의 아이디어는 양면전쟁을 회피하고 신속한 승리를 추구할 수단을 찾던 히틀러의 마음에 들었다.

폴란드 침공 중 구데리안부대는 폴란드군의 저항을 간단하게 제압해버렸다. 구데리안은 폴란드 침공을 초기 기갑부대의 편성 미비점을 보완하는 기회로 활용했다. 야전 정비부대와 연료 보급중대의 편성 그리고 전차 장갑을 보다 두껍게 할 필요가 있었다. 장군 참모부가 주창한 경기갑사단의 편성과 미비점을 보완하여 완전한 기갑사단의 편성 기회로 활용했다. 이렇게 하여 프랑스 침공 전에 10개 기갑사단의 편성이 완료되었다.

프랑스 침공에서 전격전의 신화를 만들다

1940년 5월 10일 5시 35분 공격개시 신호와 함께 3개 기갑사단으로 편성된 구데리안의 제19기갑군단은 클라이스트 기갑집단(Panzergruppe Kleist)에 할당된 4개 기동로를 통해 제1제대(梯隊)로서 A집단군 최선두 부대로 기동했다. 주공(主攻)이었던 제1기갑사단은 가장 신속하게 기동하여 아르덴(Ardenne) 삼림지대를 돌파했다.

각 사단들은 증강된 추진 정찰대에 의해 장애물을 개척하고 기동로를 확보했다. 구데리안부대는 5월 11일 프랑스 국경도시 부이용(Bouillon)을 점령하고 이어서 스당(Sedan) 방향으로 진격했다. 군단의 모든 부대가 공격개시 57시간 만에 뮤즈(Meuse) 강 지역 도달에 성공했다. 이 같은 신속한 기동은 예비 승무원을 차량에 태워 수시로 전차 조종사를 교체했기 때문에 가능했다.

최소 3일은 걸릴 것 같았던 뮤즈 강 돌파를 구데리안은 불과 하루 만에 이뤄낸다. 구데리안은 프랑스군 제55사단 지역을 집중 공격한다. 군단의 전 부대를 집중시키고 급강하폭격기 스투카를 1,000회 이상 출격시켜 군과 군의 경계지대에 위치한 제55사단을 맹렬히 타격한다. 도하작전을 지원하기 위해 주 공격부대인 제1기갑사단에 정예 보병연대와 제

43돌격 공병대대를 증강했다. 독자적으로 공격한 3개의 공병돌격대에 의해 교두보를 확보했다. 전차-스투카의 맹폭과 공병대의 성공적인 교두보 확보로 불과 한나절 만에 뮤즈 강변의 프랑스 제55사단 방어진지는 붕괴되었다. 그 사이로 구데리안의 기갑 사단들이 쏟아져 들어갔다.

스당 돌파구 형성 후 구데리안 군단장은 두 가지 딜레마에 봉착했다. 하나는 전술적 측면을 고려하여 교두보를 확보하는 데 주력하여 남쪽에서 공격해 오는 프랑스군의 역습을 저지하는 데 주력할 것인가 하는 것이고 다른 하나는 적의 혼란과 마비를 최대한 이용하여 기갑 전력 주력을 서쪽으로 계속 공격할 것인가 하는 문제였다. 두 가지 상황을 충족시키기에는 가용 전력이 충분하지 못했다. 선택의 갈림길에서 구데리안은 적에게 방어를 준비할 여유를 없애기 위하여 지체 없이 종심으로 기동할 것을 결심했다.

당시 영국-프랑스 연합군 지휘부는 구데리안 기갑부대가 마지노선(Maginot line) 후방에 배치된 예비부대를 포위하려 하는지 아니면 파리를 공격하고자 하는지 또는 됭케르크(Dunkirk)로 지향하는지 종잡을 수 없어 우왕좌왕했다. 구데리안은 독일군이 무엇을 노리는지 간파할 수 없는 최소 예상선을 작전선으로 선택하여 일거에 석권하는 기동을 성공시켰던 것이다. 그리하여 마침내 프랑스군을 심리적으로 완전히 분쇄하여 30만 명의 사상자를 내고 2백만 명을 포로로 잡았다. 연합군은 구데리안 기갑부대의 눈부신 진격에 얼이 빠져 제대로 저항 한 번 해보지 못하고 마비, 와해됐다.

구데리안부대가 불과 10여 일 만에 영국 해협 연안인 아베빌(Abbeville)에 도착하여 연합군 주력의 후방을 차단했을 때 독일군 주력은 그제야 뮤즈 강을 넘고 있었다. 독일군 주력이 전선에 제대로 투입되기도 전에 전쟁의 승패는 이미 판가름 나고 말았던 것이다. 히틀러의 병기 구데리안이 전격전의 신화를 창조하는 순간이었다. 프랑스 침공 후 구데리안은 상급 대장으로 진급했고 작전 성공의 모든 찬사를 한 몸에 받았다. 베를린에서 개최된 승리의 자축연에서 그는 상석에 자리했다.

소련 침공에서 선봉으로 나서다

독일군은 1941년 6월 22일에 소련 침공을 감행했다. 최고사령부는 여름 전투만 수행하면 충분하다는 계산하에 동계 작전 대비는 전혀 하지 않았다. 최고사령부는 6주 만에 작전을 종료시킬 수 있다고 판단했다. 프랑스 침공에서의 성공에 취하여 나폴레옹의 패배를 망각한 것이다. 구데리안은 보크(Fedor von Bock)가 지휘한 중부집단군 예하 5개의 기갑사단과 3개 반 보병사단, 1개 기갑사단으로 구성된 제2기갑군을 지휘했다. 구데리안은 히틀러에게 모스크바에 집중해야 한다고 주장했으나 귀 기울이지 않았다. 그리하여 주공을 결정하지 못한 상태에서 북부, 중부, 남부 집단군이 병진공격하는 전쟁이 개시되었다.

구데리안에게 주어진 것은 '불가능을 가능하게 만드는 임무'였다. 제2기갑군에 모스크바를 공략하라는 지시가 전달되었으나 1941년 9월경 이미 예하 전차가 50% 이하로 감소되어 있었다. 창끝의 능력을 발휘하기에는 이미 그 예봉이 꺾인 상태였다. 1941년 10월 6일까지는 모든 게 순조로웠다. 그러나 므젠스크(Mzensk)에서 복수의 여신이 관여하기 시작했다. 선도 기갑사단들의 독일군 전차포로 격파되지 않는 압도적인 소련군 KV1 중(重)전차와 T-34 전차에 의한 집중타격이 전개되었다. 초기의 충격에서 벗어나 정신을 차린 소련군 지휘부의 리더십 발휘와 대규모 기갑부대의 전개로 독일군의 공세는 정체되기 시작했다.

10월 6일 이후 독일군은 수세로 돌아섰다. 그날 저녁 눈이 내리기 시작했고 소련군은 방어선을 강화할 시간을 벌었다. 독일군 병참선에 엄청난 혼란이 야기되었고 독일군 병사들은 동계 피복과 월동 장구 없이 혹독한 추위에 내던져졌다.

그 여파로 독일군의 공격 기세가 상실되었다. 구데리안이 필사적으로 상급자들에게 지원을 요청할 때만 공격이 조금 진척될 뿐이었다. 전반적인 군수 체계뿐 아니라 독일 본토의 물자 부족과 자원 결핍은 독일 국방군에게 보급하기에 충분한 탄약 생산을 불가능하게 만들었다.

그 가운데에서 구데리안의 제2기갑군은 강인한 승리에 대한 의지와 전문 직업적 역량을 발휘하여 12월 1일 모스크바에서 남동쪽으로 180킬로미터 떨어진 툴라(Tula)에 도달했다. 그러나 더 이상 진격할 여력이 없었다. 구데리안이 부대의 복지를 고려하고 더 이상 불가능한 상태에서의 공격을 중지하고 철수하겠다는 탄원과 건의는 부하에 대한 사랑으로 가득해 가슴이 뭉클할 정도였다. 마침내 히틀러의 명령을 거역하고 전략적 철수를 결심한 구데리안은 히틀러에 의해 해임되었다. 1941년 12월 26일 마지막 고별인사를 명령으로 하달하며 전선의 부하들과 작별했다.

그는 14개월 동안 시골로 내려가 전선을 걱정하며 건강 회복을 위해 휴양했다. 이후 15개월 동안 기갑병 총감으로 근무했다. 1941년 12월 일본의 진주만 공습으로 미국이 제2차 세계대전에 참전하고, 대륙양여법(Lend Lease)에 근거하여 소련군에 미국의 전쟁 물자가 지원되기 시작하자 전세는 독일군에게 점점 불리하게 기울기 시작했다.

히틀러는 구데리안이 만든 신화에 현혹되어 있었다. 프랑스에서 일어난 전격전의 실상을 들여다보면 겨우 이긴 것이었다. 소련 침공은 또 다른 차원의 문제였다. 전투 종심이 프랑스 침공의 세 배였다. 동장군이라는 절대병기를 생각했어야 했다. 또한 나폴레옹의 실패도 상기했어야 했다.

공격의 선봉에 전차 대수를 최소한 두 배 이상 증강했어야 했다. 히틀러는 기갑사단을 20여 개로 증강했으나 실제로 전체적인 전차 대수는 증가시키지 못했다. 기존의 전차를 10개 사단에서 20개 사단으로 분산시킨 것에 불과했다. 히틀러는 나폴레옹의 실패를 그대로 답습했다. 그는 동장군, 육지의 바다에 침몰했다.

기갑총감으로 전차 생산을 배가시키다

1943년 3월 1일 구데리안은 히틀러의 부탁을 받아들여 기갑부대 감찰감에 취임했다. 그는 자유 재량권을 부여받지 않았음에도 혼신의 노력을 기울여 기갑부대 재건에 힘쓴다. 독일의 전차 생산 수는 구데리안이 기갑부대 감찰감에 등용된 시기 이후에 본격적으로 증가하기 시작했다. 독일의 전차 생산량은 프랑스를 격파한 1940년에 약 1,500대, 소련으로 공격해 간 1941년에 약 3,200대, 소련 침공 2년 차인 1942년에 약 6,000대 수준에 머물러 있었다. 그러나 구데리안의 보임 후인 1943년에 약 1만 2,000대로 증가했고 다음 해에 약 1만 9,000대를 생산했다. 이러한 생산량 증가도 미·영·소의 거대한 생산 능력 앞에서는 압도될 수밖에 없었다. 그러나 그것은 물자가 부족했던 독일 자체의 한계였다. 구데리안은 그 한계 속에서 최선을 다했다.

1944년 7월 21일 참모총장에 임명된다. 그는 1945년 3월 28일 해임될 때까지 독일군 참모총장을 지냈다. 이때는 이미 구데리안도 손을 쓸 수 없는 상황이었다. 그는 여러 가지 방책과 대응에서 히틀러와 견해를 달리했다. 그는 공개 석상에서 히틀러에게 "제발 작전에 관여하지 말 것"을 간청했으

1943년경의 구데리안, 오베르스트 루트비히 아이만베르거
(Oberst Ludwig v. Eimannsberger) 촬영

나 불경죄로 문책당하고 말았다.

전문 직업가의 리더십을 발휘하다

리델 하트는 제2차 세계대전 시 독일 장군들의 유형을 네 가지로 분류했다. 전문 직업가, 충성 일변도, 정치 군인, 기회주의자형(形)이 그것이다. 구데리안은 전형적인 전문 직업가형이었다. 그의 리더십은 전형적인 군인의 것이었다.

첫째, 진두지휘와 임무형 지휘를 적용했다. 그는 움직이는 장갑차 위에서 작전을 지휘한 군단장이었다. 그는 가장 치열한 전투가 벌어지는 국면에 장갑차를 타고 나타났다. 이동 군단 전술 지휘소를 운영한 최초의 군단장이었다. 그는 작전의 주도권을 장악하기 위하여 항상 선두에서 지휘하며 호기를 포착한 뒤 즉각적인 결심을 내려 부대의 기동이 적보다 항상 앞섰다. 이는 상황을 주도하고 결심과 시행 주기를 단축시켰으며 상대방을 심리적으로 압도했다.

또한 상급 지휘관의 의도 내에서 지휘하고 세부 사항은 창의적이고 역동적으로 실행하며 책임을 공유하는 정신을 강조했다. 예하 지휘관에게 목표 달성에 필요한 수단과 방법을 주되 구체적인 수행 방법은 위임하는 임무형 지휘를 했다.

둘째, 진정한 직업 군인이었다. 그는 자신의 직무를 수행함에 있어 입신출세의 야망과 처세술에 관심을 두지 않고 오로지 직업에 충실한 군인이었다. 그는 순수한 직업의식과 장인 기질을 가지고 최선을 다했다. 오직 군사적인 측면에서 히틀러를 보좌했다. 군사적인 견지에서 히틀러에게 직언을 서슴지 않았다. 그로 인해 두 번이나 해임당한다.

셋째, 기계화부대 전술에 획기적 공헌을 한 군사 전문가였다. 제1차 세계대전 이후 독일의 재무장 시기에 여러 병과가 한정된 자원 할당을 위해 분투했다. 이때 구데리안은 전차가 독립적으로 운용되는 부대 편성을 주장하는 책 『전차를 주목하라!』를 출판했다. 이 책은 히틀러의 주목을 받았고, 그는 히틀러의 병기가 되었다.

전차전에 관한 그의 사상은 순전히 연구를 통해 얻어진 것이었다. 여기에 보급과 수송 및 통신부대 근무에서 생긴 통찰력과 문제 인식이 보태졌다. 그는 끊임없는 직업적 열정과 전략 및 작전 연구 그리고 전쟁사 연구를 통하여 전문가가 되었다. 통찰과 확신에서 오는 자신감과 결단력이 그를 다른 장군들과 구분 짓게 만든 요인이었다.

넷째, 엔지니어 이상의 기계적 감각을 지닌 지휘관이었다. 구데리안을 기갑부대의 아버지로 보는 이유는 전차의 개발과정에서 발생하는 기계적인 문제까지 지대한 영향을 미쳤기 때문이다. 그는 당시까지 중대장 이상의 지휘관 전차에만 있던 무전기를 각 전차에 전부 설치하고 통신병까지 배치했다. 이에 반해 프랑스군 전차는 지휘관 차량에만 무전기가 장착되어 명령을 전달하기 위해 전령이 뛰어다녀야 했다. 지휘 반응 시간과 촉박한 전장 상황에서 어떤 부대가 지휘가 잘되었는지는 물어보지 않아도 뻔하다. 그는 전차 내부 승무원 간 연락에 인터컴을 설치하여 소음이 심한 전차 내부 통신 소통을 보장했다. 이는 전차의 기능적 특징을 알지 못하면 해결할 수 없는 문제였다.

다섯째, 문화를 이해하고 부하를 위하는 지휘관이었다. 툴라 작전 시 구데리안은 러시아의 대문호 톨스토이의 영지와 생가가 있는 야스나야 폴랴나(Yasnaya Polyana)에 사령부를 설치하며 톨스토이 가족용으로 저택을 남겨 두라고 명령했다. 이때 톨스토이가 사용했던 가구와 남겨 놓은 장서들은 별도의 방 두 곳에 모아 두었고 어떤 책이나 문서에도 손대지 않았다. 그는 농장 내부에 있던 톨스토이의 소박한 묘소도 방문했고 독일 병사들에게 일체의 훼손 행위를 금지시켰다. 그리고 전장에서 부하의 무모한 희생을 줄이기 위해 자신의 체면과 영예까지 버리고 상관에게 후퇴를 건의한 용장이었다.

1945년 3월 28일 구데리안은 미군의 포로가 되었다. 1945년 4월 25일 엘베(Elbe) 강 상류의 토르가우(Torgau)에서 합류한 연합군과 소련군이 베를린을 함락시키며 전쟁은 끝을 향해 달음질쳤다. 그는 1948년 6월까지 전쟁 포로로 붙잡혔으나 전쟁 범죄 행위로 기소되지는 않았다. 그만큼 그가 신사적으로 전쟁에 임했다는 것을 연합군과 소련군 모두가 인정한 것이다.

사막의 여우 로멜

에르빈 로멜(Erwin Rommel: 1891~1944)은 구데리안과 함께 제2차 세계대전을 대표하는 독일의 명장이다. 그는 적군인 영국군에 의해 '사막의 여우'라는 닉네임을 받았다. 닉네임처럼 일찍부터 군사적인 천재성을 보였다. 그의 군사적인 천재성은 전장을 꿰뚫어 보고, 전쟁의 안개, 불확실성의 홍수, 마찰의 연속 가운데 전장을 이끌어 가는 리더십으로 나타났다. 프랑스 침공에서부터 노르망디 상륙작전까지 로멜의 전쟁 메모들을 편집 발간한 리델 하트는 로멜을 다음과 같이 평가했다.

예기치 않은 이동, 날카로운 시간 감각, 그리고 상대를 무력화시킬 수 있는 고도의 기동성을 개발할 수 있는 능력 등을 발휘하는 면에서 구데리안을 제외하고는 로멜에 견줄 수 있는 현대 인물을 찾기란 어렵다.

그는 또한 전장의 신사였다. 『로멜: 사막의 여우』라는 전기(傳記)를 쓴 데즈먼드 영(Desmond Young)은 독일군 포로가 된 상태에서 로멜과 만난 이야기를 다음과 같이 회상한다.

독일군 대위가 나에게 "당신이 이곳에서 선임자요?"라고 소리 질렀다. "당신은 백기를 든 2명의 독일군 장교와 함께 지휘차를 타고 가서 저 너머에 있는 당신네 포대에게 사격을 중지하라고 하시오. 그들은 단지 당신네 병사들을 위태롭게 할 뿐이오." … 나는 내가 그런 명령을 내릴 수 없다고 말했다. … 그 순간 폭스바겐 차 한 대가 달려왔다. 한 장군이 내리더니 독일군 대위에게 "여기서 무슨 일을 하고 있나?"라고 독일군 대위에게 물었다." … 잠시 후 그는 "장군께서는 만약에 당신이 내가 방금 내린 지시에 복종하지 않는다면 당신을 그렇게 하도록 강요할 수는 없다고 판정했소." … 나는 장군을 바라보았으며, 그의 얼굴에서 미소의 그림자를 본 것 같은 생각이 들었다. 하여간 그의 판정은 경례할 만한 가치가 있는 것처럼 보였다.

에르빈 로멜, 독일 연방 문서 보관소 소장
(Bundesarchiv, Bild 146-1985-013-07)

로멜, 그는 누구인가?

　로멜은 1891년 11월 15일 뷔르템베르크(Wuerttemberg) 주 울름 근처인 하이덴하임(Heidenheim)에서 태어났다. 그의 할아버지와 아버지는 교사였으며 어머니는 주지사의 딸이었다.

　1871년 독일 제국이 수립된 이후 독일 남부의 중산층에서는 직업 장교가 인기 있는 직업이었다. 로멜의 집안은 군과는 전혀 관련이 없는 집안이었다. 그럼에도 불구하고 로멜이 군에 투신한 것은 이런 사회적인 분위기를 반영한 것이다.

로멜은 1916년 11월 단치히(Danzig)에서 루시에 몰린(Lucie Mollin)과 결혼했다. 몰린은 1911년 단치히 군사학교 재학 시절 처음 만난 첫사랑이었다. 당시 몰린의 나이는 17세였다. 그러나 이 사랑은 오래가지 못했다. 로멜은 학교 교육을 마치고 근무지로 복귀해야 했기 때문이다.

소위로 임관한 로멜은 바인가르텐(Weingarten)에서 다시 20세의 발부르가 슈테머(Walburga Stemmer)와 사랑에 빠졌다. 둘 사이에 딸까지 태어났으나 이 사랑도 결실을 맺지 못했다. 장교로써 귀족 출신인 슈테머와 결혼하기 위해서는 1만 마르크의 지참금이 필요했는데 로멜은 그럴 돈이 없었다. 결국 결혼은 성사되지 못했고, 혼외의 자식을 두는 상황이 되었다.

이런 상황에서 첫사랑 몰린을 다시 만나 결혼하게 된다. 몰린으로서도 어려운 결정이었을 것이다. 그러나 그만큼 로멜을 사랑하고 이해했다는 증거이기도 했다. 둘 사이의 결혼 생활은 원만했다. 로멜은 자상한 남편이었고 몰린을 매우 사랑했다. 노르망디 상륙작전 개시 당일 로멜은 베를린에 있었다. 그날이 바로 몰린의 생일이었기 때문이다. 로멜은 분홍

색 구두를 선물로 사 가지고 몰린을 찾은 것이었다.

몰린은 로멜과 가정을 꾸린 후 12년 만에 아들 만프레트 (Manfred)를 얻게 된다. 만프레트가 태어난 바로 그해 슈테머가 폐렴으로 사망한다. 몰린은 슈테머가 사망한 후에 로멜의 혼외 딸 게르트루드(Gertrude)를 돌보았다. 게르트루드는 외할머니와 같이 살았다. 공식적으로는 누나의 딸인 조카딸이었다.

로멜 신화를 만들다

로멜은 1910년 뷔르템베르크 제124보병사단의 사관후보생으로 군 생활을 시작했다. 제1차 세계대전이 발발하자 포병중위로 프랑스, 루마니아, 이탈리아에서 전투에 참여했다. 부하들에 대한 깊은 이해, 남다른 용기, 천부적인 리더십은 아주 일찍부터 대성할 가능성을 보여주었다. 위관 장교로 4년 내내 소대에서 중대급 지휘관으로 참전하며 전투의 달인으로의 면모를 보여주었다.

1917년 독일은 오스트리아의 요구로 오스트리아 국경을 침범한 이탈리아군에 대해 7개 사단을 투입하여 반격하는 작전을 실시한다. 이 작전을 이손초(Isonzo) 또는 카포레토

(Caporetto) 전투라고 한다. 톨민(Tolmin)에 위치한 제14사단은 세 겹의 이탈리아군 방어선을 격파하고 베네치아(Venezia)까지 진격하라는 명령을 받았다. 제14사단장인 오토 폰 벨로우(Otto von Below) 소장은 그 관문인 마타주르(Matajur) 산을 정복하는 자에게는 최고 무공훈장인 푸어 르 메리테(Pour le Mérite) 훈장을 수여하겠다고 했다.

마타주르 산 공격작전은 1917년 10월 24일 새벽 2시경부터 10월 26일 11시 40분 사이에 이루어졌다. 로멜 중위는 이 전투에서 로멜부대를 편성하여 선두에서 중심으로 깊은 침투 공격을 했다. 로멜부대는 수시로 변동되었다. 작전 기간 중 뷔르템베르크 산악대대의 3~7개 보병 및 기관총중대가 그의 통제 아래 운용되었다. 로멜부대는 52시간 동안 콜로브라트(Kolovrat) 전초 진지부터 마타주르 산(1642미터) 정상까지 직선거리로 19킬로미터를 침투 돌파하여 최종 목표인 마타주르 산을 정복했다.

이 전투에서 로멜은 천부적인 전장 감각을 유감없이 발휘하여 로멜 신화를 만들었다. 800미터에서 2,400미터 고지에 형성된 이탈리아군 방어선을 종횡무진하면서 돌파했다. 그는 28시간 내에 5개 연대 진지를 돌파하면서 9,000명의 이탈리아군을 포로로 잡았다. 이에 비하여 로멜군은 장교 1명과 사병 1명이 전사했고, 장교 1명과 사병 26명이 부상당했을 뿐이었다.

로멜은 적의 상황을 적절하게 이용하여 강점을 회피하고 약점을 이용하여 기습적인 돌파와 기동을 했다. '전진하는 소위' 로멜에게 산악은 장애물이 아니라 엄호 진지였고 기동을 위한 발판이었다.

로멜은 독일군의 전통적인 전술인 '약점과 간격 이용 전술, 임무형 지휘'를 적극적, 창조적으로 사용했다. 그는 항상 적정(敵情)을 능동적으로 파악하여 약점을 찾아냈다. 그 약점에 전투력을 집중하는 방법으로 적을 기만하고 기습을 달성했다. 그는 시간의 중요성을 인식했다. 시시각각으로 변하는 적의 동향에 따라 즉각적으로 대응하는 데 천부적인 감각을 보여주었다. 또한 그는 적 후방으로의 종심 기동의 성과와 중요성을 인식했다. 후방 공격은 적의 의지를 꺾는 지름길이라는 것을 감각적으로 인식하고 있었던 것이다.

이 공로로 그는 최고 무공훈장인 푸어 르 메리테 훈장을 받는다. 이 훈장은 황제가 직접 수여하는 훈장으로 당시에는 일종의 장군 진급 예약 티켓이었다. 제1차 세계대전을 통틀어 이 훈장을 받은 위관 장교는 10명 이내였다. 로멜부대의 마타주르 공격은 신화가 되어 독일군들 사이에 회자되었다. 로멜은 일약 독일군의 스타가 되었다.

총통은 OK 나치는 NO

로멜은 히틀러의 총애를 받았으나 결코 나치주의자는 아니었다. 총통은 OK였으나 나치는 NO였다. 독일군 장교들에게 전후 독일의 상황은 울분의 시절이었다. 왜냐하면 베르사유 조약에 의해 병력을 10만 이내로 유지해야 했기 때문이다. 장교들의 진급 적체는 극에 달했다. 로멜도 14년간 대위 계급장을 달고 있어야 했다. 이런 상황에서 베르사유 조약을 파기하고 재무장을 선언한 히틀러는 모든 독일군 장교들의 집단적인 지지를 받았다. 여기에 로멜도 예외는 아니었다. 그러나 그는 나치주의자가 아니었다. 나치주의자들의 반인륜적인 행동에 적대감을 가졌다. 지위가 높아질수록 나치의 반민족적인 행동은 정직한 로멜의 생각을 어지럽게 했다. 노르망디 상륙작전 실패 이후 그는 히틀러와 결별하고 자의 반 타의 반 히틀러 암살 기도에 가담하게 된다.

제1차 세계대전 종료 직전 대위로 진급한 로멜은 8년간 슈투트가르트(Stuttgart) 기관총중대장을 지낸 후 1929년 드레스덴(Dresden) 보병학교 교육 대장을 맡게 된다. 그는 마치 물을 만난 고기와 같았다. 당시로써는 최신 기구인 환등기를 이용하여 직접 표를 그려가면서 참전 경험을 바탕으로 열정적인 강의를 했다. 그 끝은 항상 마타주르 전투였다.

1933년 로멜은 히틀러와 운명적으로 만나게 된다. 소령으로 진급한 후 부임한 제17보병연대 3대대장 시절 고슬라(Goslar)에서 추수감사절 행사에 참석한 히틀러와 조우하게 된 것이다.

1934년 히틀러가 총통으로 취임하고 군비 확장을 선언하면서 독일군은 본격적인 재무장을 하게 된다. 이런 와중에 로멜은 1935년 중령으로 진급했고, 포츠담(Potsdam) 군사학교 교관이 되었다. 1937년 자신의 제1차 세계대전 참전록인 『보병 전술(Infanterie Greift An)』을 출간하여 10만 부 이상을 판매했고, 이를 계기로 본격적으로 히틀러의 주목을 받게 된다. 1938년 대령으로 진급했다.

1938년 대령으로 진급한 후 주데텐(Sudeten) 병합 행진 시 히틀러 지휘부 경호대장을 맡게 된다. 1938년 오스트리아가 독일에 병합된 후 로멜 대령은 빈 근처의 비너 노이슈타트(Wiener Neustadt)에 있는 장교 학교의 교장으로 임명되었다. 1939년 체코-메멜란트(Czech-Memelland) 병합 시에도 경호대장을 맡는다. 1939년 48세에 소장으로 진급했다. 서열을 무시한 파격적인 진급이었으나 최고 무공훈장을 받은 자로서는 빠른 것이 아니었다. 대장군참모(Generalstab)로 근무했다면 훨씬 먼저 진급했을 것이다.

제2차 세계대전이 발발하자 총통 사령부 경호대장으로

임명되었지만 그것은 일선에서 싸우길 열망하는 군인에게
별로 만족스러운 직책이 아니었다. 그리고 오랜 기다림 끝에
로멜에게 실력을 발휘할 기회가 왔다. 1940년 2월에 제7기
갑사단의 사단장직을 맡은 것이다.

전격전의 스타가 되다

1940년 5월 10일 독일군은 룬트슈테트(Gerd von Rundstedt)
의 A집단군을 중심으로 아르덴 삼림 방향으로 침투하는 프
랑스 침공을 개시했다. 벨기에로 우회 포위 공격을 시도한
슐리펜(Schlieffen) 플랜과는 대립되는 계획이었다. 5월 13일
A집단군은 스당에서 구데리안군단, 몽메디(Montmédy)에서
라인하르트(Reinhard Heydrich)군단, 디낭(Dinant)에서 호트
(Hermann Hoth)군단을 창끝으로 삼아 뮤즈 강을 돌파했다.
이것은 예상보다 2~3일 빠른 것이었다. 프랑스군은 커다란
충격을 받았다. 뮤즈 강 이후 벌어진 전격적인 기동에서 프
랑스군은 어떻게도 대응할 수 없었다. 제1차 세계대전의 진
지전 사상에 고착되어 있던 프랑스군은 독일군의 새로운 전
쟁 방식에 속수무책으로 당했다.

당시 로멜의 제7기갑사단은 25전차연대, 37기갑정찰대대

와 6·7소총연대, 7오토바이대대로 편성되어 있었다. 지원부대로 58공병대대, 78야포연대, 42대전차포대대가 있었다. 전차연대는 3개 전차대대로 편성되어 있었으며, 사단이 보유한 전차는 218대였다.

제7기갑사단은 호트군단의 주공으로 룬드스테트 집단군의 우익에서 공격했다. 1단계에서는 디낭 → 시브리(Sivry) → 아라스(Arras) → 릴(Lille) 방향으로 전진했다. 2단계 작전에서는 솜(Somme) 강 → 루앙(Rouen) → 생 발레리(Saint Valery), 센(Seine) 강을 도하한 후에는 레글(L'Aigle) → 프레르 → 셰르부르(Cherbourg)로 대추격을 실시했다.

제7기갑사단에 부임하기 전 로멜은 기갑부대를 지휘한 경험이 전혀 없었다. 그러나 그는 타고난 전사였다. 그는 기갑부대의 엄청난 가능성을 재빨리 파악했다. 제1차 세계대전의 경험이 그대로 살아났다. 그 경험이 창조적인 전격전 방식으로 다시 태어난 것이다.

로멜은 손자가 말한 대로 '큰 부대를 다스리는 것을 작은 부대를 다스리듯(治衆與治寡)' 했다. 마타주르의 대대급 보병부대의 침투 전술이나 제7기갑사단의 침투 전술이나 본질적으로는 같은 것이었다. 로멜은 명장이 갖는 군사안을 발휘하여 즉각적으로 상황을 파악하고, 천재적인 지휘력을 발휘한 것이다.

독일군이 공격을 개시한 날짜는 5월 10일이었다. 구데리안군단이 영국-프랑스 연합군 48개 사단의 퇴로를 차단한 시점이 19일이었다. 이때까지 기동거리는 약 650킬로미터로 하루 평균 기동거리는 65킬로미터 내외였다. 이 기간 중 뮤즈 강 도하에 1~2일이 걸렸고, 중간에 재보급을 위해 2일간의 지체가 있었다는 점을 고려하면 실제로 기동한 날짜는 6~7일 정도다. 따라서 주야로 진행된 공격 시 하루 최고 기동거리는 160킬로미터에 육박했다.

로멜의 기동은 프랑스군의 계획을 무산시켰다. 로멜이 디낭에서 뮤즈 강을 도하하자 프랑스군은 서쪽으로 25킬로미터 떨어진 필립빌(Philippeville)에 방어진지를 편성하기로 했다. 그러나 로멜은 프랑스가 방어진지를 구축하기 전에 그 지역을 통과했다. 로멜은 프랑스군의 계획 자체를 무력화시킨 것이다.

진두지휘를 하던 로멜은 때로는 본대와 두절되는 사태가 발생했다. 로멜은 진두지휘를 위하여 일종의 전술지휘소격인 게페히트슈타펠(Gefechtsstaffel)을 운용했다. 이 지휘 분견대(分遣隊)는 경호를 담당하는 소대 규모의 전차부대와 장갑지휘소 차량과 통신장비와 핵심 참모들로 구성되어 있었다. 이 지휘소는 로멜부대가 속도를 발휘하는 산실이었다.

로멜은 셰르부르로 추격 명령을 받고 6월 17일 아침 8시부터 6월 18일 12시 15분까지 28여 시간 동안 340킬로미터의 거리를 기동한다. 역사상 전무후무한 기록이다. 이때 로멜에게는 오직 시간이 문제였다. 프랑스군이 방어진지를 강화하기 이전에 도착하는 것이 문제였다. 추격은 배비(配備)의 경쟁이다. 이때 시간은 인간의 생명보다 중요하다. 시간 절약은 모든 계획과 행동의 영혼이 되어야 한다. 로멜은 시간의 중요성을 감각적으로 인식했다.

1941년 북아프리카에서의 로멜.
독일 연방 문서 보관소 소장(Bundesarchiv, Bild 101I-432-0760-10)

아프리카 전차군단으로 모래의 바다를 항해하다

1941년 프랑스 침공 이후 로멜은 중장으로 진급했다. 진급과 함께 아프리카군단장으로 발탁되어 이탈리아의 식민지인 리비아에 급파되었다. 아프리카군단은 제5기갑사단과 제21경기갑사단을 주축으로 편성된 기갑군단이었다.

당시 리비아는 이집트에 주둔하고 있는 영국의 오킨렉(Claude Auchinleck)군의 급습을 받고 수도인 트리폴리가 함락 직전까지 간 상태였다. 이에 무솔리니는 히틀러에게 구원을 간청했다. 히틀러는 고민 끝에 아프리카군단의 파견을 결심한 것이다.

로멜이 이탈리아군 구원을 위해 리비아에 도착했을 당시 이탈리아군은 영국군에 쫓기어 소멸될 위기에 직면해 있었다. 이런 상황에서 로멜은 어떻게든 영국군의 추격을 저지하지 않으면 안 되었다. 이런 상황에서 로멜은 특유의 전장 감각을 발휘하여 승기를 잡는다. 로멜은 프랑스 침공의 경험으로 영국군의 습관을 알고 있었다. 늘 그렇듯이 영국군은 상당한 저항에 부딪치면 일단 정지하여 이를 충분히 극복할 준비를 한 후 다시 공격하는 습성이 있었다. 그는 영국군의 이런 습성을 역으로 이용했다.

1941년 2월 11일 로멜은 아프리카에 도착했다. 이때 아프리카군단은 2월 중순에 여단 규모의 선발대가, 4월 중순까지 제5경기갑사단, 5월 말에 제15기갑사단이 도착하기로 되어 있었다. 다음 날인 2월 12일 로멜은 비행기로 정찰했다. 영국군은 1941년 2월 8일 엘 아게일라(El Agheila)를 점령한 후 일시 정지하고 있었다.

로멜은 본대가 도착할 때까지 기다릴 것인가 아니면 즉각 공격을 할 것인가 고민했다. 로멜은 1차로 도착한 여단 규모의 부대로 키레나이카(Cyrenaica) 반도를 가로질러 영국군을 급습한다. 전기를 포착한 것이다. 모험이지만 승기(勝氣)를 확실히 보고 즉각적인 행동을 한 것이다. 작전 한계점에 도달하여 재정비와 병력 보충 중에 있던 오킨렉군은 독일군의 기습적인 키레나이카 공격에 밀려 투브루크(Tobruk) 요새로 후퇴하게 된다. 이때부터 1943년 튀니지에서 미군에게 항복할 때까지 2년간 사막에서 공방전이 지속된다.

1941년 2월 로멜은 키레나이카 급습 후 투브루크를 공격한다. 4월 3만여 명의 부대가 굳게 지키고 있는 투브루크 요새에 대한 여러 차례의 공격은 영국군 수비대의 선방으로 끝난다. 로멜의 부대는 투브루크 요새를 포위한 상태에서 이집트 국경지대까지 진출한다. 그러나 6월 재정비를 마친 영국군은 야심찬 반격작전을 실시한다. 소위 전부(戰斧)작전이다. 전부작전은 국경지대의 독일군을 일소하고, 투브루크 요새를 연결하여 로멜의 부대를 키레나이카 밖으로 밀어내는 것이었다. 그러나 살룸(Shallum) 일대에서 벌어진 영국군과 로멜군의 공방전은 로멜의 일방적인 승리로 끝난다. 영국군은 로멜의 즉각적인 반격에 국경 밖으로 물러난다.

국경지대로 후퇴하여 재정비를 마치고 병력을 증강한 영국군은 11월 공격을 재개했다. 크루세이더(Crusader)작전이 개시된 것이다. 크루세이더작전은 투브루크 요새의 수비대와 협공으로 시작되었다. 11월 아프리카 침공 최대의 전차전이 시디 레제(Sidi Rezegh) 지역에서 발생했다. 이 전투에서 영국군 제30군단은 보유 전차의 65%를 상실했다. 로멜은 전차전의 승리의 여세를 몰아 11월 24일 영국군 후방의 대규모 물자 보급소를 향하여 전략적인 장거리 기습을 실시한다. 그러나 영국군의 완강한 저항에 부딪치고, 계속된 전투로 전력이 약화된 로멜은 회군을 결심한다. 12월 31일 독일군은 출발선으로 되돌아왔다.

1942년 1월 로멜은 공격을 재개했다. 2월부터 6월까지 투브루크에서 공방전이 일어났다. 로멜군과 영국군은 치열한 주도권 다툼을 벌였다. 6월 21일 로멜은 최종적으로 투브루크를 함락시키고 엘 알라메인(El Alamein)으로 추격전이 실시됐다.

7월 로멜군은 엘 알라메인에 도착했다. 영국군은 제30군단에다 제13군단을 추가로 투입하면서 엘 알라메인 일대의 방어를 강화했다. 이집트 공격을 명받은 로멜은 8월 남측으로 돌파를 시도했다. 그러나 영국군의 강력한 지뢰지대에 봉착하여 실패했다. 영국군은 몽고메리(Bernard Law Montgomery)로 사령관을 교체하고 대규모 증원을 실시하며 엘 알라메인 방어에 나섰다. 이에 반하여 독일군에 대한 본국 증원은 전무했다. 독일과 이탈리아군은 제공권을 완전히 상실한 상태에서 결사적인 전투를 했다. 엘 알라메인 공방전은 10월부터 11월까지 벌어졌다. 그러나 결과는 뻔했다. 아무리 로멜이라 하여도 맨주먹으로는 싸울 수 없었다. 절망적인 상황을 타개하고 이집트로 전진하기 위해서는 최소한 2개 기갑사단분의 전차가 필요했다. 그러나 로멜에게 돌아온 것은 원수 계급장이었다. 원수 계급장만으로는 한 대의 전차도 물리칠 수 없었다. 로멜은 보급전에서 패했다. 그것은 로멜에게는 소관 밖의 문제였다.

이집트 침공은 그의 재능으로서도 역부족이었다. 1942년 10월 말 그는 엘 알라메인의 제2차 전투에서 패하여 튀니스의 독일군 교두보로 1,600킬로미터의 거리를 질서 정연하게 퇴각했다. 히틀러는 1943년 3월, 아프리카군단 지휘권을 아르님(Hans-Juergen von Arnim) 대장에게 인계하게 하고 로멜을 본국으로 송환했다. 아프리카군단이 연합군에 항복할 당시

부대는 전체의 80% 병력을 유지했다. 1,600킬로미터를 후퇴한 부대로서는 믿어지지 않는 것이었다. 전차가 다시 보급된다면 즉각적으로 전투를 재개할 수 있었다. 로멜에게 전차는 사막이라는 바다를 운행하는 배였다. 그 배가 다 파괴된 것이다. 아프리카군단은 보급이라는 쇠사슬에 묶인 호랑이었다.

1942년 북아프리카에서의 로멜, 독일 연방 문서 보관소 소장(Bundesarchiv, Bild 101I–443–1582–32)

국가 존망의 최후 방패, 서부 집단군 사령관이 되다

1944년 로멜은 연합군의 침공 가능성에 대비하여 영국 해협의 해안 방위 책임을 맡았다. 임박한 연합군의 공격에 어떻게 대응할 것인가에 대한 논쟁이 일어났다. 한 가지 방안은 상륙 예상 지역에 강력한 방어벽을 설치하여 적이 교두보를 설치하지 못하도록 해야 한다는 것이었다. 다른 한 가지 방안은 적이 일단 상륙한 후 교두보가 강화되기 전에 역습을 가하여 궤멸시켜야 한다는 것이었다. 문제의 핵심은 지역방어를 할 것인가 기동방어를 할 것인가였다.

기동전주의자 로멜은 의외로 전자, 즉 지역방어 방안을 택해야 한다고 주장했다. 제공권을 완전히 상실한 상황에서 역습부대의 기동은 불가능할 것이라는 생각이었다. 그는 역습부대가 해안선에 도달하기 전에 연합군의 압도적인 공습에 궤멸될 것이 자명하다고 했다. 따라서 적이 대규모의 교두보를 설치하는 것을 가능한 한 모든 수단을 동원해서 저지해야 한다고 했다. 그러나 히틀러는 그의 주장을 받아들이지 않았다. 결국 상륙 방어작전 계획은 지역방어와 기동방어의 절충안으로 결론이 났다.

로멜은 해안 방어 시설을 건설하는 데 비상한 창의력을 발휘했다. 그러나 시간과 돈이 문제였다. 예정된 방어 시설물 설치가 15% 정도 진행되었을 때 연합군의 상륙작전이 개시되었다. 독일군에게 암흑의 날이 다가온 것이다.

비극적인 최후: 대의냐 돈이냐

로멜은 스스로 독약을 마시고 생을 마감했다. 1944년 7월 17일, 전투가 한참 치열할 때 로멜의 차가 영국 폭격전투기의 공격을 받아 길에서 탈선했다. 차는 공중으로 튀어 올랐고 그는 머리에 중상을 입고 병원으로 후송되었다. 8월이 되어서야 집에 돌아가 요양할 수 있을 만큼 회복되었다. 그사이 1944년 7월 20일에 있었던 히틀러 암살 음모가 실패했고 로멜이 음모자들과 접촉한 사실이 밝혀졌다. 그는 가택 연금되었다.

히틀러는 '국민의 원수(元帥)'가 자신의 적으로서 법정에 출두해 교수대로 보내지는 것을 원하지 않았다. 전 국민의 전쟁 영웅인 로멜을 반역자로 처단하는 일에 부담을 느낀 것이다. 10월 14일 2명의 장군이 로멜에게 나타났다. 그들은 재판을 하지 않는다는 조건으로 그와 그의 가족의 이름을 욕되게 하지 않겠다는 약속과 함께 자살을 권유했다. 로멜은 그들의 제의를 받아들였다.

히틀러는 그가 영예롭게 전사한 것으로 공표하고 대대적인 장례를 치러주었다. 그의 장례식장에는 히틀러가 보낸 대형 화환이 진실을 가린 채 빛나고 있었다.

로멜은 풍전등화가 된 조국의 앞날을 위한 거사의 대의를 따를 것이냐 아니면 가족의 안위를 보장할 것이냐를 두고 고민했을 것이다. 결국 그는 가족의 안위를 택했다. 이로써 로멜은 돈 때문에 세 번째로 자기의 뜻을 굽히게 되었다. 첫 번째로 그는 엘 알라메인에서 영국군과 사투를 벌이기 위해 최소한 2개 사단분의 전차 보급을 요구했다. 그러나 히틀러는 전차 대신에 원수 계급장을 보냈다. 로멜이 엘 알라메인에서 오킨렉의 공세를 막아낸 후 남은 전차를 세어보니 단 12대에 불과했다. 울돌목에서 12척의 배를 세고 있었던 이순신 장군을 연상케 한다. 결국 로멜은 몽고메리의 물량 공세에 물러나야 했다. 돈이 문제였던 것이다. 두 번째로 그는 노르망디 방어 전투에서 돈 때문에 자기의 뜻을 펼치지 못했다. 연합군의 상륙작전을 저지하기 위해서는 견고한 연안 방어벽 설치가 시급했다. 자금 부족으로 계획된 방어벽의 15%도 준비하지 못한 상황에서 연합군의 공격을 받았다.

참고문헌

B. H. 리델 하트, 박성식 옮김,『스키피오 아프리카누스』(사이, 2010)

B. H. 리델 하트, 황규만 옮김,『롬멜전사록』(일조각, 2007)

H. 구데리안, 김정오 옮김,『기계화부대장』(한원, 1990)

Thomas E. Griess, Ancient and Medieval Warfare(West Point History
　　Series, 1984)

W. W. 탄, 지동식 옮김,『알렉산더 대왕사』(삼성미술문화재단, 1988)

김현기,「전장마찰 개념의 미래전에 대한 적용」,『국방정책연구』(한국
　　국방연구원, 2005년 봄)

데니스 쇼월터, 황규만 옮김,『패튼과 롬멜』(일조각, 2012)

로드 카버, 김형모 옮김,『기동전의 영웅들』(병학사, 1988)

박기련,『롬멜은 어떻게 싸웠는가?』(일조각, 2003)

서정복,『살림지식총서 291: 프랑스 혁명』(살림, 2008)

서정복, 『살림지식총서 360: 나폴레옹』(살림, 2009)

시오노 나나미, 김석희 옮김, 『로마인 이야기 2』(한길사, 1993)

안용현, 『나폴레옹 대전략』(병학사, 1983)

카를 폰 클라우제비츠, 김만수 옮김, 『전쟁론』(갈무리, 2006)

티에리 랑츠, 이현숙 옮김, 『나폴레옹』(시공사, 2012)

서양의 명장

펴낸날	초판 1쇄 2016년 9월 5일

지은이	박기련
펴낸이	심만수
펴낸곳	(주)살림출판사
출판등록	1989년 11월 1일 제9-210호

주소	경기도 파주시 광인사길 30
전화	031-955-1350 팩스 031-624-1356
홈페이지	http://www.sallimbooks.com
이메일	book@sallimbooks.com

ISBN	978-89-522-3476-6 04080
	978-89-522-0096-9 04080 (세트)

※ 값은 뒤표지에 있습니다.
※ 잘못 만들어진 책은 구입하신 서점에서 바꾸어 드립니다.

이 도서의 국립중앙도서관 출판시도서목록(CIP)은 서지정보유통지원시스템 홈페이지
(http://seoji.nl.go.kr)와 국가자료공동목록시스템(http://www.nl.go.kr/kolisnet)에서
이용하실 수 있습니다.(CIP제어번호: CIP2016020282)

책임편집·교정교열 김기태

085 책과 세계

강유원(철학자)

책이라는 텍스트는 본래 세계라는 맥락에서 생겨났다. 인류가 남긴 고전의 중요성은 바로 우리가 가 볼 수 없는 세계를 글자라는 매개를 통해서 우리에게 생생하게 전해 주는 것이다. 이 책은 역사라는 시간과 지상이라고 하는 공간 속에 나타났던 텍스트를 통해 고전에 담겨진 사회와 사상을 드러내려 한다.

056 중국의 고구려사 왜곡　eBook

최광식(고려대 한국사학과 교수)

중국의 고구려사 왜곡의 숨은 의도와 논리, 그리고 우리의 대응 방안을 다뤘다. 저자는 동북공정이 국가 차원에서 진행되는 정치적 프로젝트임을 치밀하게 증언한다. 경제적 목적과 영토 확장의 이해관계 등이 복잡하게 얽혀 있는 동북공정의 진정한 배경에 대한 설명, 고구려의 역사적 정체성에 대한 문제, 고구려사 왜곡에 대한 우리의 대처방법 등이 소개된다.

291 프랑스 혁명　eBook

서정복(충남대 사학과 교수)

프랑스 혁명은 시민혁명의 모델이자 근대 시민국가 탄생의 상징이지만, 그 실상을 아는 사람은 많지 않다. 프랑스 혁명이 바스티유 습격 이전에 이미 시작되었으며, 자유와 평등 그리고 공화정의 꽃을 피기 위해 너무 많은 피를 흘렸고, 혁명의 과정에서 해방과 공포가 엇갈리고 있었다는 등의 이야기를 통해 프랑스 혁명의 실상을 소개한다.

139 신용하 교수의 독도 이야기　eBook

신용하(백범학술원 원장)

사학계의 원로이자 독도 관련 연구의 대가인 신용하 교수가 일본의 독도 영토 편입문제를 걱정하며 일반 독자가 읽기 쉽게 쓴 책. 저자는 역사적으로나 국제법상으로 실효적 점유상으로나, 어느 측면에서 보아도 독도는 명백하게 우리 땅이라고 주장하며 여러 가지 역사적인 자료를 제시한다.

144 페르시아 문화

eBook

신규섭(한국외대 연구교수)

인류 최초 문명의 뿌리에서 뻗어 나와 아랍을 넘어 중국, 인도와 파키스탄, 심지어 그리스에까지 흔적을 남긴 페르시아 문화에 대한 개론서. 이 책은 오랫동안 베일에 가려 있던 페르시아 문명을 소개하여 이슬람에 대한 편견과 오해를 바로 잡는다. 이태백이 이 관계였다는 사실, 돈황과 서역, 이란의 현대 문화 등이 서술된다.

086 유럽왕실의 탄생

김현수(단국대 역사학과 교수)

인류에게 '예술과 문명' 그리고 '근대와 국가'라는 개념을 선사한 유럽왕실. 유럽왕실의 탄생배경과 그 정체성은 무엇인가? 이 책은 게르만의 한 종족인 프랑크족과 메로빙거 왕조, 프랑스의 카페 왕조, 독일의 작센 왕조, 잉글랜드의 웨섹스 왕조 등 수많은 왕조의 출현과 쇠퇴를 통해 유럽 역사의 변천을 소개한다.

016 이슬람 문화

이희수(한양대 문화인류학과 교수)

이슬람교와 무슬림의 삶, 테러와 팔레스타인 문제 등 이슬람 문화 전반을 다룬 책. 저자는 그들의 멋과 가치관을 흥미롭게 설명하면서 한편으로 오해와 편견에 사로잡혀 있던 시각의 일대 전환을 요구한다. 이슬람교와 기독교의 관계, 무슬림의 삶과 낭만, 이슬람 원리주의와 지하드의 실상, 팔레스타인 분할 과정 등의 내용이 소개된다.

100 여행 이야기

eBook

이진홍(한국외대 강사)

이 책은 여행의 본질 위를 '길거리의 철학자'처럼 편안하게 소요한다. 먼저 여행의 역사를 더듬어 봄으로써 여행이 어떻게 인류 역사의 형성과 같이해 왔는지를 생각하고, 다음으로 여행의 사회학적·심리학적 의미를 추적함으로써 여행에 어떤 의미를 부여할 것인가에 대해 말한다. 또한 우리의 내면과 여행의 관계 정의를 시도한다.

293 문화대혁명 중국 현대사의 트라우마

eBook

백승욱(중앙대 사회학과 교수)

중국의 문화대혁명은 한두 줄의 정부 공식 입장을 통해 정리될 수 없는 중대한 사건이다. 20세기 중국의 모든 모순은 사실 문화대혁명 시기에 집약되어 있다고 해도 과언이 아니다. 사회주의 시기의 국가 · 당 · 대중의 모순이라는 문제의 복판에서 문화대혁명을 다시 읽을 필요가 있는 지금, 이 책은 문화대혁명에 대한 안내자가 될 것이다.

174 정치의 원형을 찾아서

eBook

최자영(부산외국어대학교 HK교수)

인류가 걸어온 모든 정치체제들을 매우 짧은 기간 동안 시험하고 정비한 나라, 그리스. 이 책은 과두정, 민주정, 참주정 등 고대 그리스의 정치사를 추적하고, 정치가들의 파란만장한 일화 등을 소개하고 있다. 특히 이 책의 저자는 아테네인들이 추구했던 정치방법이 오늘 우리 사회가 당면한 문제를 해결할 수 있는 지혜의 발견에 도움을 줄 수 있을 것이라고 말한다.

420 위대한 도서관 건축순례

eBook

최정태(부산대학교 명예교수)

이 책은 도서관의 건축을 중심으로 다룬 일종의 기행문이다. 고대 도서관에서부터 21세기에 완공된 최첨단 도서관까지, 필자는 가능한 많은 도서관을 직접 찾아보려고 애썼다. 미처 방문하지 못한 도서관에 대해서는 문헌과 그림 등 가능한 많은 정보를 수집하려 노력했다. 필자의 단상들을 함께 읽는 동안 우리 사회에서 도서관이 차지하는 의미에 대해 다시 생각하게 된다.

421 아름다운 도서관 오디세이

eBook

최정태(부산대학교 명예교수)

이 책은 문헌정보학과에서 자료 조직을 공부하고 평생을 도서관에 몸담았던 한 도서관 애찬가의 고백이다. 필자는 퇴임 후 지금까지 도서관을 돌아다니면서 직접 보고 배운 것이 40여 년 동안 강단과 현장에서 보고 얻은 이야기보다 훨씬 많았다고 말한다. '세계 도서관 여행 가이드'라 불러도 손색없을 만큼 풍부하고 다채로운 내용이 이 한 권에 담겼다.

eBook 표시가 되어있는 도서는 전자책으로 구매가 가능합니다.

(주)살림출판사
www.sallimbooks.com
주소 경기도 파주시 문발동 522-1 | 전화 031-955-1350 | 팩스 031-955-1355